Glacier Express

Klaus Eckert, Ilona Eckert

MERIAN-TopTen

Höhepunkte, die Sie unbedingt sehen

1. **Wiesener Viadukt**
Ab Filisur führt eine spektakuläre Wanderroute über das Steinbogenviadukt (→ S. 33).

2. **Segantini-Museum**
Eindrucksvolle Bilder in einem eindrucksvollen Gebäude – das Segantini-Museum in St. Moritz (→ S. 42).

3. **Val Bever**
Das autofreie Tal zwischen Bever und Spinas bietet schöne Wanderwege und herrliche Blicke auf die RhB-Züge (→ S. 45).

4. **Bahnhistorischer Lehrpfad**
Der lehrreiche Pfad zwischen Bergün und Preda begeistert Eisenbahnfans (→ S. 46).

5. **Vorderrhein-Schlucht**
Der Schweizer »Grand Canyon« mit seinen bizarren weißen Felsen lässt sich auch erwandern (→ S. 58).

6. **Bahnstation Nätschen**
Sonnenterrasse hoch über Andermatt mit unvergleichlichem Panoramablick (→ S. 70).

7. **Volkskundliches Talmuseum Ursern**
Eines der hübschesten Häuser Andermatts mit sehenswerter Rokokofassade (→ S. 74).

8. **Goms**
Landschaftlich reizvoll mit schmucken Dörfern, so präsentiert sich das Goms, das Tal der jungen Rhône (→ S. 77).

9. **Stockalper-Palast**
Das barocke Schloss mit seinen kantigen Türmen ist das Wahrzeichen von Brig (→ S. 82).

10. **Nostalgische Riffelalp-Tram**
Eine Fahrt mit der höchstgelegenen Trambahn Europas ist ein besonderes Erlebnis (→ S. 94).

MERIAN-Tipps ···›
finden Sie auf Seite 128

Inhalt

Erläuterung der Symbole

Für Familien mit Kindern besonders geeignet

Diese Unterkünfte haben behindertengerechte Zimmer

In diesen Unterkünften sind Hunde erlaubt

CREDIT *Alle Kreditkarten werden akzeptiert*

Keine Kreditkarten werden akzeptiert

Preise für Übernachtungen im Doppelzimmer mit Frühstück in der Hauptsaison:

●●●●	*über 600 CHF*	●●	*ab 200 CHF*
●●●	*ab 400 CHF*	●	*bis 200 CHF*

Preise für ein Menü mit Vorspeise und Hauptgang ohne Getränk

●●●●	*ab 80 CHF*	●●	*30 CHF*
●●●	*ab 50 CHF*	●	*bis 30 CHF*

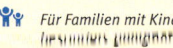

Karten und Pläne

Die Buchstaben-Zahlen-Kombinationen im Text verweisen auf die Planquadrate der Karten, z. B.

---> S. 54, b 2 Stadtplan Chur
---> S. 117, D 3 Kartenatlas

Eine Alpenbahn stellt sich vor

Vorbei an schneebedeckten Gipfeln, stillen Almweiden, rauschenden Gebirgsbächen und idyllischen Bergtälern wie hier im Urserental (→ S. 76) bahnt sich der Glacier Express seinen Weg von St. Moritz nach Zermatt.

Durch die Kantone Graubünden, Uri und Wallis führt die Route des Glacier Express. Dieser »langsamste Schnellzug der Welt« erschließt wunderbare alpine Landschaften.

Die Schweiz ist kein großes Land. Dennoch verfügt sie über eine reichhaltige Palette an Naturschönheiten, mit denen sie ihre Gäste zu beeindrucken vermag. Im Unterland locken herrliche Seen und Hügellandschaften mit lieblichen Obst- und Weingärten. In den Alpen hingegen finden sich neben grünen Almen auch wild zerklüftete Schluchten und bizarr geformte, von Firn umhüllte Berggipfel oder beeindruckende Gletscherfelder. Jeder dieser Plätze würde schon für sich ein lohnendes Ausflugsziel ergeben. Wer sich bei seinem Schweizaufenthalt allerdings nicht nur einen Höhepunkt herauspicken, sondern gleich mehrere fantastische Eindrücke genießen will, sollte ein Verkehrsmittel wählen, das für das beschauliche Reisen am besten geeignet ist – die Eisenbahn. Die Schweizer Alpen werden von mehreren Bahnen bestens erschlossen. Auf spektakulär trassierten Strecken befördern sie die Fahrgäste in gemütlichem Tempo durch die Berglandschaften, mit sorgfältigst gewartetem, komfortablem Wagenmaterial und modernen Lokomotiven oder Triebwagen. Auch der historische Fuhrpark, der beispielsweise auf den dampfbetriebenen Strecken zum Einsatz kommt, glänzt durch einen vorzüglichen Erhaltungszustand. Es ist nicht zu übersehen: In der Schweiz gilt die Eisenbahn etwas. Die dortigen Eisenbahner sind stolz auf ihre Züge.

Genussreise ins Herz der Alpen

Als ganz besonderes Aushängeschild, vor allem in puncto Tourismus, gelten die Express-Verbindungen, welche an die Tradition der Luxuszüge aus den Zwanzigerjahren des letzten Jahrhunderts anknüpfen. Berühmtester Vertreter dieser Kategorie dürfte der Orient Express sein, der seine Gäste einst quer durch Europa beförderte.

Eine Genussreise mitten ins Herz der Alpen ermöglicht dagegen der Glacier Express. Die Wegstrecke, die er zurücklegt, beginnt in **St. Moritz**, dem mondänen Engadiner Kurort, führt über **Chur**, die älteste Stadt der Schweiz, und endet in **Zermatt**, einem

Am 22. Juni 2005 feierte der Glacier Express seinen 75. Geburtstag.

Die historische Furka-Dampfbahn (→ MERIAN-Tipp, S. 73) bringt den Reisenden während der Sommermonate in hochalpine Regionen.

autofreien Dorf am Fuße des weltberühmten, 4478 m hohen **Matterhorns**. Die Fahrt im Glacier Express gehört zu den beliebtesten Reiseangeboten im weit verzweigten Netz der Alpenbahnen. Für Schweiz-Touristen ist es geradezu ein Muss, mit diesem Zug unterwegs gewesen zu sein. Daher verwundert es überhaupt nicht, dass die Betreiber des Glacier Express, die **Matterhorn Gotthard Bahn** (MGB) und die **Rhätische Bahn** (RhB), durchschnittlich 250 000 Gäste pro Jahr verzeichnen.

Ein Zug mit dem Namen Glacier Express verkehrte erstmals 1930. Daher konnte man im Jahr 2005 auf eine 75-jährige Betriebszeit zurückblicken. Von Anfang an elektrisch betrieben, benötigte der Glacier Express zu Beginn seiner Einsatzzeit für die Verbindung St. Moritz–Zermatt noch knapp 11 Stunden. Heute legt er die 291 km lange Strecke in 7,5 Stunden zurück. Diese enorme Fahrzeitverkürzung wurde durch die Fertigstellung des 15 407 m langen **Furka-Basistunnels** zwischen Realp und Oberwald im Jahr 1982 sowie die Anschaffung moderner Lokomotiven Mitte der Achtziger- und Anfang der Neunzigerjahre ermöglicht.

Seit Eröffnung des Basistunnels unterliegt die Einsatzzeit des Zuges auch keiner Beschränkung mehr. Vor 1982 verkehrte der Glacier Express lediglich in den Sommermonaten. Im Herbst mussten die Fahrleitungsanlagen auf der Furkalinie stets aufs Neue abgebaut werden, um ihrer Zerstörung durch Lawinen vorzubeugen. Erst im Juni stand die Bergstrecke wieder dem Betrieb zur Verfügung. Dank eines rührigen Vereins konnte dieser Abschnitt Ende der Neunzigerjahre reaktiviert werden. Mittlerweile findet in den Sommermonaten regelmäßig ein Museumsbetrieb mit Dampfloks und stilechten Wagen statt.

Enorme Fahrzeitverkürzung

Im Restaurantwagen Gourmino können die Fahrgäste ein Mittagsmenü einnehmen.

Zurück zum Glacier Express. Seine durchschnittliche Reisegeschwindigkeit beträgt nur etwa 35 km/h. Bei diesem Tempo ist es in der Tat möglich, die Blicke genüsslich über die Gipfel schweifen zu lassen, sie in tiefe Schluchten zu tauchen oder ein hübsches Motiv rasch noch mit dem Fotoapparat einzufangen. Wer das Bergpanorama ungehindert auf sich wirken lassen möchte, sollte einen Platz in einem der Panoramawagen reservieren. Überhaupt ist die Fahrt im Glacier Express seit 1987 auch für Einzelreisende reservierungspflichtig. Zu groß ist die Nachfrage bei diesem Zug der Extraklasse.

Streckeninfos über Lautsprecher oder Kopfhörer

Die Route des Glacier Express hat es in sich. Den höchsten Punkt erreicht sie mit 2033 m ü. M. an der Station **Oberalppass**. Insgesamt werden auf der Strecke 291 Brücken befahren und 91 Tunnels passiert. Im steilsten Abschnitt zwischen Stalden und Zermatt müssen 125 ‰ (Steigung von 125 m auf 1 km) bewältigt werden. Hier klinken sich die Zahnradlokomotiven in die Zahnstange ein, die auf diesem Teilstück und auf den Rampenstrecken am Oberalppass zwischen den Schienen montiert ist. In der Ortschaft **Disentis** ist daher ein Lokwechsel nötig. Die konventionelle Maschine macht einer Zahnradlok Platz.

Der Wagenpark des Glacier Express setzt sich insgesamt aus fünf verschiedenen Fahrzeugkategorien zusammen: So stehen sowohl den Reisenden der 1. als auch der 2. Klasse Wagen mit großen **Panoramafenstern** zur Verfügung, die in die Dachwölbung übergehen und dadurch ein größeres Blickfeld eröffnen. Damit auch **Rollstuhlfahrer** in den Genuss einer Glacier-Express-Reise kommen können, fährt in jedem Zug auch ein 1. Klasse-Panoramawagen mit rollstuhlgerechtem Abteil und eigener Behindertentoilette mit (→ S. 17 und Wagenspiegel Umschlagklappe vorne). Die Panoramawagen der 1. Klasse verfügen in der Version ohne Behindertenabteil über 36 Sitzplätze (Vierer- und Zweiersitzgruppen, jeweils mit Tisch), in der Version für Rollstuhlfahrer sind es 30 Sitzplätze, ebenfalls in Vierer- und Zweiergruppen aufgeteilt. Reisende der 2. Klasse finden in den Panoramawagen 48 Sitzplätze vor, die sich in zwölf Vierergruppen mit Tisch aufteilen. Sowohl die Panoramawagen der 1. als auch der 2. Klasse verfügen über eine Klimaanlage, da sich die Fenster nicht öffnen lassen.

Für Reisegruppen besteht die Möglichkeit, für beide Klassen auch Wagen der konventionellen Bauart ohne Klimaanlage zu buchen. Diese verfügen in der 1. Klasse über 36 Sitzplätze (Vierer- und Zweiergruppen) und in der 2. Klasse über 56 Plätze (Vierergruppen). Hier lassen sich die normal großen Fenster öffnen. Streckenerklärungen und Infos zu den wichtigsten Sehenswürdigkeiten ertönen übrigens in allen Wagenkategorien. In den herkömmlichen Wagen über Lautsprecher, in den Panoramawagen via Kopfhörer.

Während einer Reise im Glacier Express können Fahrgäste zwischen drei verschiedenen Verpflegungsmöglichkeiten wählen: Service am Sitzplatz, Railbar oder Speisewagen. Allerdings führen nicht alle Züge einen Speisewagen mit. Einige bieten **Am-Platz-Service**, in anderen kann der Reisende vorbestellte, kalte Gerichte in der **Railbar** konsumieren. In den Zügen, die während der Wintermonate verkehren, ist in der Regel nur der Speiseservice am Sitzplatz buchbar. Plätze im **Speisewagen** müssen ebenfalls vor Reiseantritt reserviert werden.

Speisewagen und Railbar für den Hunger unterwegs

Der **Fahrplan** des Glacier Express ist für die Wintermonate anders gestaltet als im Sommer. Während im Winter lediglich ein Zugpaar zwischen St. Moritz und Zermatt via Chur verkehrt, bieten die Betreiber in den Sommermonaten ein Zugpaar für die Verbindung Zermatt – Brig – Chur – Davos Platz an. Drei Zugpaare bedienen dagegen die klassische Route St. Moritz – Chur – Brig – Zermatt und umgekehrt. Die Glacier-Express-Garnituren führen im Schweizerischen Kursbuch (→ S. 19) eine dreistellige Nummer, die mit einer 9 beginnt, wie zum Beispiel 904 und 905 (Zugpaar Zermatt – St. Moritz/St. Moritz – Zermatt). Die Abfahrtszeiten der Glacier-Express-Züge sind jeweils so gelegt, dass die Reisenden möglichst die ganze Route im Tageslicht erleben können. Der

Die Panoramawagen des Glacier Express haben übergroße Fenster, die den Fahrgästen einen guten Blick auf die herrliche Landschaft ermöglichen.

erste Zug ab St. Moritz startet gemäß Sommerfahrplan beispielsweise um 9.17 Uhr, der letzte um 10.02 Uhr. Ankunftszeit in Zermatt ist dann um 16.50 bzw. 17.50 Uhr.

Doch was wären die Wagen ohne Lokomotive? Zuverlässig und leise surrt die Elektrolok an der Spitze des Glacier Express über die durchweg meterspurige Strecke. Abgestimmt auf das rot-weiße Wagendesign präsentieren sich auch die Zugpferde im gefälligen Rot.

Die **Rhätische Bahn** (RhB) setzt auf dem von ihr verwalteten Abschnitt St. Moritz–Disentis seit 1997 **Elektrolokomotiven** der Serie Ge 4/4 III mit Umrichtertechnik ein. Diese Maschinen zählen zu den weltweit stärksten Schmalspurlokomotiven. Oftmals sind ihre Flanken mit Werbemotiven beklebt, die das kantige und etwas streng wirkende Design der Loks wohltuend auflockern.

Basierend auf dem Technikkonzept der Lok 2000, wie die ab 1991 beschaffte Reihe 460 der Schweizer Bundesbahn anfangs genannt wurde, entwickelten die Lokfabriken SLM und BBC ein Pendant für Schmalspurbahnen. Das Ergebnis war jene Ge 4/4 II, die heute das Bild der RhB-Züge prägt. In ihrem Inneren arbeiten eine hochmoderne Leistungselektronik und kollektorlose Drehstrom-Asynchronmotoren. Der Auslieferungszeitraum erstreckte sich von 1993 bis 1999.

Neben der RhB beschafften auch weitere Privatbahnen, wie beispielsweise die Appenzellerbahn oder die Montreux-Oberland-Bahn (MOB), dieselbe Type. Die Loks dieser Bahnen unterscheiden sich durch ihre elektrische Ausrüstung, da ihre Eigner verschiedene Stromsysteme für ihre Oberleitungen verwenden. Dank des modularen Aufbaus der Maschine waren derlei Anpassungen absolut unproblematisch.

Bevor die 100 km/h schnellen Ge 4/4 II auf den Plan traten, setzte die RhB eine andere Universallok vor ihren Zügen ein, so auch vor dem Glacier Express. Die Lokomotiven der Reihe Ge 4/4 II, die zwischen 1973 und 1985 zur Auslieferung kamen, waren anfangs grün lackiert, später erhielten sie das leuchtend rote Farbkleid. Ihre Stirnseiten waren flach ausgeführt. In der Mitte zeigte sich eine so genannte »Bügelfalte«. Auf ihr prangte bei allen Loks dieser Reihe das Wappen des Kantons Graubünden, der Steinbock. Natürlich wirkten diese Loks bei weitem nicht so schnittig wie ihre modernen Kollegen. Sie kamen auch nur auf eine Höchstgeschwindigkeit von 90 km/h.

Moderne Lokomotiven ziehen den Glacier Express

Damit lagen sie aber über dem Maximaltempo ihrer Vorgängerinnen, den Ge 4/4 I, die es nur auf 80 km/h brachten. Auffallendstes Merkmal dieser Loktype war die mittig angebrachte Lokführertür auf der Stirnseite. Bei den Ge 4/4 I handelte es sich um die ersten RhB-Loks mit Drehgestelltechnik.

Unter Eisenbahnfreunden hoch geschätzt sind die »RhB-Krokodile« der Serie Ge 6/6 I. Diese braun lackierten, maximal nur 45 km/h schnellen Stangenloks mit gelenkigen Vorbauten werden heute nur noch im Museumsbetrieb eingesetzt. In den Achtzigerjahren waren sie noch regelmäßig vor Güterzügen zu sehen. Die RhB beschaffte in den Jahren 1921 bis 1929 insgesamt 15 Stück dieser urigen Loktype, die im Gegensatz zu ihren vierachsigen Nachfolgerinnen noch als sechsachsiges Zugpferd ausgeführt ist. Die Zeit, in der die »Krokodilchen« einen Glacier Express gezogen haben, liegt allerdings schon lange zurück.

In Disentis muss die RhB-Lok regelmäßig einer Maschine der **Matterhorn Gotthard Bahn** (MGB) weichen, die mit einem Zahnstangenantrieb ausgerüstet ist. Bei einer Fahrt ab Zermatt findet dagegen ein Austausch der MGB-Zahnstangen- gegen eine Adhäsionslok statt. Die steilen Anstiege zum Oberalppass und später nach Zermatt hinauf sind im reinen Reibungsbetrieb nicht zu bewältigen. Die MGB setzt mit den HGe 4/4 II daher leistungsstarke Bergsteiger ein, die auf flacheren Stücken als **Adhäsions-**, auf Steilstrecken hingegen als **Zahnradlokomotiven** tätig sein können. Diese Maschinen wurden ab 1985 gebaut. An den Seiten dieser Kraftpakete prankt das Logo der MGB: darauf ist ein weißer Schriftzug, der den Namen der Bahngesellschaft nennt, begleitet von der Silhouette des berühmten Matterhorns, zu sehen. Beschafft wurde diese Loktype auf Anraten des schweizerischen Bundesamtes für Verkehr (BAV) gleich von mehreren Bahngesellschaften: sowohl von der Schweizer Bundesbahn (SBB) für deren meterspurige Brünigbahn als auch von der Furka Oberalp Bahn. Später gesellte sich dann auch die Brig Visp Zermatt Bahn (BVZ) zu der Käufergemeinschaft. Die Bemühungen des Bundesamts für Verkehr zielten bzw. zielen darauf ab, das Rollmaterial der zahlreichen Schweizer Bahnen zu vereinheitlichen. Die Beschaffungskosten können dadurch gesenkt werden. Insgesamt wurden von der HGe 4/4 II für die Besteller 13 Maschinen gleicher Bauart gefertigt. Später, 1989/90, kam eine weitere Lieferserie für die SBB hinzu.

Die Silhouette des Matterhorns schmückt die Lok

Technisch zeichnen sich die Loks durch eine kombinierte Zugkraft- und Geschwindigkeitssteuerung aus. Außerdem sind die Maschinen nicht nur mit einer automatischen Vakuumbremse und einer fahrdrahtunabhängigen Rekuperationsbremse

Für den steilen An- wie auch Abstieg vom 2033 Meter hohen Oberalppass (→ S. 69) benötigt der Glacier Express Zahnradlokomotiven, wie die hier zu sehende HGe 4/4 II.

Hübsch anzusehen, doch heutzutage nur noch für den Museumsbetrieb eingesetzt: Nostalgie-Zug mit »RhB – Krokodil« und historischem Pullman-Wagen.

ausgestattet. Sie verfügen zudem über ein Notbremssystem, das über Druckluft- und Vakuumerzeuger, die von der Fahrzeugbatterie versorgt werden, auch bei stromloser Fahrleitung ein Anhalten des Zuges in Zahnstangenabschnitten gewährleisten kann. Die Höchstgeschwindigkeit der mit Differentialantrieb ausgerüsteten Loks beträgt im Adhäsionsbetrieb rund 90 km/h. Im Zahnstangenabschnitt sinkt die Höchstgeschwindigkeit hingegen auf nur 35 km/h.

Fusion zur Matterhorn Gotthard Bahn

Bis Ende 2002 fuhr der Glacier Express unter der Regie der RhB, Furka Oberalp Bahn (FO) und Brig Visp Zermatt Bahn (BVZ). Am 1. Januar 2003, nach der Fusion von FO und BVZ zur Matterhorn Gotthard Bahn (MGB), wichen die Logos der früheren Gesellschaften rasch dem der neuen. Bisweilen entdeckt man natürlich auch die Vorläufer der HGe 4/4 II vor einem Zug. Die Rede ist von den HGe 4/4 I. Diese Loktype wurde von der FO und BVZ in unterschiedlichen Varianten beschafft. Die BVZ-Bauart erschien zwischen 1929 und 1937. Sie besaß an beiden Enden flache Vorbauten und erhielt daher den Spitznamen »BVZ-Krokodil«. Die Loks der FO wurden von 1940 bis 1956 beschafft. Bei ihnen fehlen jedoch die markanten Vorbauten. Stattdessen sind an beiden Fahrzeugenden Plattformen angebracht. Beide Bauarten der HGe 4/4 I bringen es auf eine Höchstgeschwindigkeit von 55 km/h.

Der Glacier Express verbindet den Ort St. Moritz in **Graubünden**, dem größten der 26 Schweizer Kantone, mit Zermatt im **Wallis**. Ein schmaler südlicher Teil des Kantons **Uri** wird unterwegs ebenfalls durchquert. Der Name Graubünden geht

Graubünden – Spielball der Großmächte

auf den »Grauen Bund« zurück. Zu diesem hatten sich der Abt von Disentis und die Gemeinden des Vorder- und Hinterrheins im Jahre 1424 zum Kampf gegen die adeligen Unterdrücker zusammengeschlossen. Nach und nach gesellten sich weitere Orte und Regionen hinzu. Somit kam es 1471 zur Vereinigung der »Drei Bünde«.

In den darauf folgenden Jahrhunderten wurde das Gebiet des heutigen Kantons immer wieder zum Spielball der Großmächte. Im Zuge der Koalitionskriege (1798–1803) waren es einmal österreichische, dann wieder französische Truppen, die das Land besetzten. Im Jahr 1803 verfügte Kaiser Napoleon I. den Anschluss an die Schweiz. Zur Hauptstadt des Kantons Graubünden wurde Chur bestimmt. Die Zugehörigkeit zur Eidgenossenschaft wurde elf Jahre später in einer Volksabstimmung bestätigt.

Interessanterweise sollte hervorgehoben werden, dass sich der Kanton Graubünden zunächst nur dem Schienenverkehr öffnete. Das Automobil hatte bis 1925 keinen Zutritt zum Kanton. Eine weitere Besonderheit besteht in dem Nebeneinander von gleich drei Sprachen: schweizerdeutsch (von ca. 60 % der Einwohner Graubündens gesprochen), rätoromanisch (22 %) und italienisch (14 %).

Was die Wirtschaftsfaktoren anbelangt, so spielt hier der Tourismus die größte Rolle. Etwa die Hälfte aller Arbeitsplätze im Bündner Land ergeben sich aus dem Fremdenverkehr. Hinzu kommen der Holzexport, die zahlreichen Wasserkraftwerke und nicht zuletzt die Rhätische Bahn, durch die dem Land Einnahmen erwachsen. Graubünden gehört nicht gerade zu den dicht besiedelten Kantonen der Schweiz. Die meisten der Bewohner leben in oder um Chur. So ergibt sich eine Bevölkerungsdichte von nur 25 Einw./qkm. Was die Konfessionen anbelangt, so gehören etwa die Hälfte der Bündner der katholischen, die andere der reformierten Kirche an. Das Wappentier des Kantons Graubünden ist der Steinbock, der unter anderem im Schweizer Nationalpark, der ebenfalls auf Bündner Gebiet liegt, zu Hause ist. Abgekürzt schreibt sich der Kanton »GR«.

Historisches Werbeplakat.

Wappen mit schwarzem Stierkopf auf gelbem Grund

Nach Überwindung des Oberalppasses erreicht der Glacier Express den **Kanton Uri**. Dieser wird nach Süden hin vom Gotthard-Massiv begrenzt. Dahinter liegt das Tessin, ein Schweizer Kanton, in dem überwiegend italienisch gesprochen wird. Der Kanton Uri reicht im Norden bis zum Vierwaldstättersee und gehört zu den drei **Urkantonen** bzw. Gründungsmitgliedern der Schweizerischen Eidgenossenschaft. Der Beitritt erfolgte 1291. Die beiden anderen sind Schwyz und Unterwalden. Der Hauptort des Kantons Uri heißt Altdorf. Hier waren über lange Zeit hinweg die legendären Gotthard-Krokodile stationiert, die Elektroloks der Serie Ce 6/8 II und III mit ihren reptilienhaften Vorbauten. Die Bevölkerungsdichte im Kanton Uri beträgt 33 Einw./qkm. Gesprochen wird hier schweizerdeutsch. Die Mehrzahl der Bewohner sind katholischen Glaubens. Auf dem Wappen ist ein schwarzer Stierkopf auf gelbem Grund zu sehen. Die Abkürzung des Kantons lautet »UR«. Furka- und Grimselpass begrenzen den Kanton Uri nach Westen hin.

Durch den Furka-Basistunnel reisen die Gäste des Glacier Express hinüber ins **Wallis** (»VS«). Das Wappenmotiv dieses Kantons setzt sich aus einem roten und weißen Längsbalken zusammen, auf dem 13 Sterne in drei senkrechten Linien aufgereiht sind. Bei Oberwald ist bereits wallisisches Gebiet erreicht. Hauptort des Wallis ist das Städtchen Sion/Sitten im Rhônetal. Etwas weiter östlich befindet sich die Sprachgrenze zwischen dem Französischen (westlich) und Schweizerdeutschen (östlich davon), markiert durch den Ort Sierre/Siders. Das Verhältnis der französisch Sprechenden zu den Deutschsprachigen beträgt etwa 2 : 1. Die meisten Einwohner sind katholisch (81 %). Seit 1815 gehört das Wallis der Schweizer Eidgenossenschaft an, nachdem es 1810 zunächst zum französischen Departement erklärt worden war. 1813 marschierten die Österreicher nach dem Zusammenbruch des napoleonischen Reiches ins Wallis ein. Im Wiener Kongress wurde der Anschluss dieses Gebietes an die Schweizer Eidgenossenschaft beschlossen, mit der Garantie einer immerwährenden Neutralität der Schweiz. Die Walliser ließen sich von diesem Angebot überzeugen und traten dem Staatenbund bei. 1848 erfolgte die Umwandlung des Schweizer Staatenbundes in einen stark föderalistisch orientierten Bundesstaat und die Schaffung einer gemeinsamen Verfassung, die 1874 überarbeitet wurde. Tief verankert im schweizerischen Staatswesen ist der Bürgerentscheid. So unterliegen Verfassungs- und Gesetzesänderungen auf kantonaler und Bundesebene in jedem Fall der Volksabstimmung. Seit dem Jahr 2000 ist eine neue Verfassung in Kraft getreten, die 1999 durch ein Referendum vom Volk gutgeheißen wurde. Erst seit 1971 gilt in allen Kantonen auch für Frauen das Stimm- und Wahlrecht.

Mit einer Bevölkerungsdichte von 53 Einw./qkm übertrifft das Wallis insbesondere wegen des sehr dicht besiedelten **Rhônetals** die zuvor genannten Kantone in Sachen Einwohnerzahlen. Das Wallis gilt als eine der bekanntesten Tourismusregionen der Schweiz. Der Grund liegt sicher in der außergewöhnlichen geografischen Lage, die etliche Superlative mit sich bringt. Im Osten beginnt der Kanton mit dem Tal der Rotten, der jungen Rhône, die ihren Ursprung im gleichnamigen berühmten Gletscher hat, im Westen endet er an den Gestaden des Genfer Sees. Im Norden wird der Kanton von den Berner und Waadtländer Alpen eingerahmt, im Süden von den Walliser

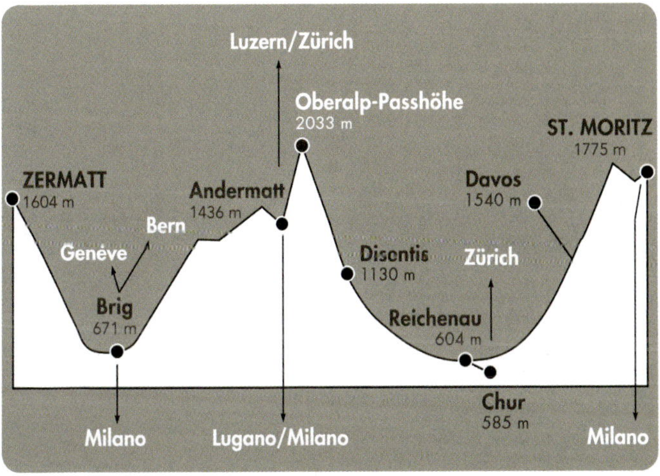

Auf seiner rund achtstündigen Fahrt von St. Moritz nach Zermatt überwindet der Glacier Express einen Höhenunterschied von fast 1500 Metern.

Alpen, zu denen die höchsten Berge der Schweiz gehören. Zu ihnen zählen das Matterhorn (4478 m), die Dufourspitze (4634 m) oder der Monte Rosa (4554 m). Neben der Elektrizitätswirtschaft, die durch das Vorhandensein mehrerer großer Stauseen ermöglicht wird, leben die Walliser natürlich vom Tourismus, aber auch vom Obst- und Weinbau sowie etwas Industrie. Das Tal der Rhône bildet eine wichtige Verkehrsader, durch die neben dem Autoverkehr auch die Eisenbahn rollt.

Wallis: Kanton der Superlative

Die Fahrt mit dem Glacier Express bietet – im wahrsten Sinne des Wortes – mehrere Höhepunkte. Dabei strebt die Dramatik der Bilder, welche die grandiose Natur dem Publikum im Zug liefert, stets aufs Neue einem Kulminationspunkt zu: Albulapass, Oberalppass und Zermatt samt Matterhorn. Dazwischen liegen spektakuläre Flusstäler, mal breit und wie ein U gestaltet, mal v-förmig eng in die Felsenlandschaft eingeschnitten. Am Ausgangspunkt der Reise, dem Bahnhof von St. Moritz, befindet sich der Glacier Express auf einer Höhe von 1775 m ü. M. Von hier aus geht es hinauf zum **Albulapass**, dessen 1824 m hoch gelegenen Scheitelpunkt der Zug in einem Tunnel überwindet. Die nächste Etappe führt den Glacier Express hinab in die Niederungen des **Rheintals**. Hier ist mit der Station Reichenau (604 m) der tiefste Punkt dieses Streckenabschnitts erreicht. Eine Kletterfahrt in Richtung **Oberalppasshöhe**, dem absoluten Kulminationspunkt der Route, schließt sich an. Richtig steil geht es dann ab Disentis (1130 m ü. M.) bergan, bis der **Oberalppass** auf 2033 m Höhe erklommen ist. Von hier aus steigt der Zug über Andermatt (1436 m ü. M.) und den Furka-Basistunnel hinunter in das **Rhônetal** nach Brig (671 m ü. M.). Spannend wird es dann noch einmal auf der Fahrt von Brig durch das tiefste Tal der Schweiz hinauf nach Zermatt, das auf 1604 m Höhe liegt.

Praktische Infos zum Glacier Express

Informationen über Buchung, Tarife und Fahrplan erleichtern die Planung der Reise.

Auch reizvoll: eine Fahrt mit dem Glacier Express durch die winterliche Berglandschaft.

Wer noch keine konkrete Vorstellung von seiner Reise im Glacier Express hat, kann mit den folgenden Anregungen vielleicht ein wenig einfacher an die Planung herangehen. Zuerst steht die Wahl des Zeitpunkts an. RhB und MGB bieten in den Sommermonaten mehr Zugläufe an als im Winter. Während im Sommer täglich jeweils drei Zugpaare zwischen St. Moritz und Zermatt verkehren, fährt im Winter jeweils nur eines. In der warmen Jahreszeit sind jedoch mehr Touristen zwischen St. Moritz und Zermatt unterwegs. Eine schöne Reisezeit ist der Herbst, wenn das Laub sich bereits verfärbt hat und Nebelschwaden morgens durch die Täler ziehen. Doch auch der Frühling und der Sommer haben ihre Reize und nicht zuletzt der Winter, wenn die Fahrt den Bahnreisenden durch tief verschneite Landschaft führt.

Die Buchung kann über einen Reiseveranstalter erfolgen, direkt bei der MGB (→ S. 112), vor Ort an einer der Glacier-Express-Stationen oder am Schalter eines größeren Bahnhofs in Deutschland, Österreich oder der Schweiz. Die Fahrt im Glacier Express ist reservierungspflichtig. Die »Sommerzüge« verkehren in der Regel etwa von Anfang Mai bis Mitte Oktober. Eine Ausnahme stellt das ab Sommer 2008 verkehrende Zugpaar 902/911 dar (Davos Platz – Chur – Zermatt). Es verkehrt in der Zeit vom

14. Juni bis 28. September. Der »Winterfahrplan« gilt von Dezember bis Anfang Mai. Änderungen bleiben natürlich vorbehalten, denn mit dem Fahrplanwechsel, der in der Schweiz alljährlich im Dezember stattfindet, können sich die genannten Daten um ein paar Tage hin oder her verschieben. Man sollte bei der Planung bedenken, dass an Samstagen und Sonntagen allgemein eine größere Nachfrage als während der Woche herrscht.

Zurücklehnen und Genießen

Wer ein Mittagsmenü im Speisewagen einnehmen möchte, kommt nicht um eine entsprechende Reservierung herum. Gleiches gilt für den Service am Sitzplatz und in der Railbar, wo man kalte Speisen nach entsprechender Vorbestellung erhalten kann. Die jeweilige Vorbestellung/Reservierung muss vor Antritt der Reise erfolgen (Reservierungen im Speisewagen, → S. 112). In der Railbar befindet sich auch ein Bord-Shop, wo man Souvernirs erwerben kann. Das Mittagessen an Bord, ein 3-Gang-Menü, kostet 38 CHF. Es besteht im Allgemeinen während der Sommersaison aus Salat, Fleisch mit Beilage, Gemüse, einer Süßspeise oder Käse. Im Winter erhält der Reisende statt des Salats eine wohltuend warme Suppe. Alternativ kann man auch einen Tagesteller bestellen, der aus Fleisch mit Beilagen und Gemüse besteht. Getränke sind im Preis nicht inbegriffen. Die Bezahlung erfolgt bar oder mit allen gängigen Kreditkarten.

In allen Wagenkategorien, die zur Bildung der Glacier-Express-Züge verwendet werden, erhalten die Reisenden während der Fahrt via Kopfhörer oder Lautsprecheranlage Informationen zu Sehenswürdigkeiten, landschaftlichen Besonderheiten oder zur Geschichte der Bahnstrecke. Die Ansagen erfolgen in Deutsch, Englisch und Französisch. Die großen Panoramafenster bieten insbesondere solchen Reisenden einen Genuss, die sich entspannt zurücklehnen und dabei die vorüberziehende Landschaft genießen möchten. Zwischen St. Moritz und Reichenau-Tamins ergeben sich vor allem in Fahrtrichtung links schöne Ausblicke. In der Rheinschlucht eher rechts. Ein unterhaltsames Buch, das Aufschluss über den Zug oder Land und Leute gibt, liest sich nebenbei auch ganz gut. Dazu einen Kaffee, bis es Zeit ist, in den Speisewagen hinüberzuwechseln ...

Wer sich schon gefragt hat, was er denn auf dieser Fahrt anziehen sollte, braucht sich nicht den Kopf zu zerbrechen. Im Glacier Express ist üblicherweise legere Kleidung angesagt. Allerdings könnte es dem einen oder anderen im klimatisierten Panoramawagen zu kühl werden. Daher sollte eine dünne Strickjacke oder ein Pullover stets griffbereit sein. An den Wagenenden sind jeweils Garderoben angebracht. Hier finden auch Koffer und Rucksäcke Platz.

Es ist erfreulich zu beobachten, dass die Betreiber des Glacier Express im Laufe der Jahre den Komfort ihrer Züge immer wieder zu verbessern versuchen. So sind beispielsweise auch spezielle Plätze für Rollstuhlfahrer hinzugekommen. Diese befinden sich allerdings nur in einem Teil der 1. Klasse-Panoramawagen, sind dafür aber gut zugänglich und direkt am Fenster. Die entsprechenden 1. Klasse-Panoramawagen verfügen auch über eine eigene behindertengerechte Toilette. Ganz wichtig: Reisende mit Handicap müssen bei der Reservierung für sich und ihre Begleitpersonen explizit nach dem Sitzplatz für Rollstuhlfahrer verlangen (Sitzplatz Nr. 11).

Bequem auch mit dem Rollstuhl unterwegs

Der Grundpreis für eine Fahrt im Glacier Express auf der Stammstrecke St. Moritz–Zermatt beträgt für die 1. Klasse 221 CHF, für die 2. Klasse 133 CHF. Hinzu kommt jeweils ein Zuschlag: Im Winter beträgt er inkl. 3-Gang-Menü 51 CHF, ohne Mittagessen 10 CHF. In der Sommersaison zahlt man für alle Züge (außer 902/911) 71 CHF inkl. 3-Gang-Menü. Ohne Mittagessen sind es 30 CHF. Die Züge zwischen Davos Platz und Zermatt erfordern einen Zuschlag von 56 CHF inkl. Menü und 15 CHF ohne Mittagessen. Die Zuschläge sind von allen Reisenden auch bei Ermäßigungen zu zahlen. Das gilt auch für Kinder über fünf Jahren, jüngere reisen kostenlos mit. Vom sechsten bis zum 16. Lebensjahr gilt die Hälfte des Grundpreises. Mit der Junior-Karte entfällt er. Kopfhörer für die Infoansagen und eine Broschüre gibt es gratis. Für Hunde beträgt der Fahrpreis die Hälfte eines 2. Klasse-Tickets (kein Zutritt zum Speisewagen). Kleine Hunde bis 30 cm Schulterhöhe reisen im Korb/Käfig unentgeltlich mit.

Wer die Fahrt in umgekehrter Richtung, also von Zermatt aus, unternehmen möchte und mit dem PKW in die Schweiz reist, muss beachten, dass Zermatt ein autofreier Ort ist. In Täsch muss man sein Auto auf dem kostenpflichtigen Parkplatz abstellen. Die einfache Fahrt zwischen Täsch und Zermatt kostet einheitlich 7,60 CHF.

Ganz verschieden sind die Anreisemöglichkeiten zum Glacier Express (→ Anreise, S. 110). Doch egal, ob man im Zug, per Auto oder im Flugzeug ankommen möchte, in jedem Fall sollte man sich an einem RhB- oder MGB-Bahnhof danach erkundigen, welche Sondertarife eventuell für weitergehende Ausflugsfahrten auf den RhB- oder MGB-Linien genutzt werden können. Für sämtliche Bahnlinien der Schweizerischen Bundesbahnen (SBB), das gesamte Postautonetz, die meisten Privat- und viele Bergbahnen gibt es ein Halbtax-Abo, das den Fahrpreis um 50 % reduziert. Es ist wahlweise mit einer Gültigkeit von einem, zwei oder drei Jahren an Schweizer Bahnhöfen gegen Vorlage eines Passbildes und Ausweises erhältlich. Es kostet 150, 250 bzw. 350 CHF. Für Kinder gibt es die Junior-Karte für 20 CHF. Mit ihr kann ein Kind zwischen sechs und 16 Jahren in Begleitung eines Elternteils ein

Sondertarife und Halbtax-Abo

Für die Kletterpartie über den 2000 Meter hohen Oberalppass (→ S. 69), den höchsten Punkt der Strecke, ist eine Zahnradlokomotive im Einsatz.

Die Busse der Schweizerischen Post bedienen ein Streckennetz von 8500 Kilometern. Mit ihnen lässt sich die Umgebung wunderbar erkunden.

Jahr lang gratis fahren. Das Halbtax-Abo greift auch beim Glacier Express. Hier wird dann nur der halbe Grund-

Nützliches Kursbuch

preis fällig. Das Halbtax-Abo gibt es an Schweizer Bahnhöfen. Eine praktische Sache ist die Swiss Card mit einer Gültigkeit von einem Monat. Sie gewährt die kostenlose Hin- und Rückreise zum Urlaubsort ab einem Schweizer Grenzbahnhof. Die Swiss Card bietet auch bis zu 50 % Ermäßigungen auf vielen Bergbahnen. Sie kann an den Schaltern größerer Bahnhöfe auch in Deutschland und Österreich gekauft werden. Der Preis beträgt für Erwachsene in der 1. Klasse 250 €, in der 2. Klasse 178 € und für allein reisende Kinder von sechs bis 15 Jahren 125 bzw. 89 €. Ein Elternteil mit Swiss Card kann die eigenen Kinder von sechs bis 15 Jahren mit der Swiss Card kostenfrei mitnehmen. Gut beraten ist außerdem, wer sich das dreibändige Kursbuch der Schweiz kauft. Im Band 1 sind alle Stationen, die per Eisenbahn, Seilbahn oder Schiff erreichbar sind, mit Fahrplannummer aufgelistet. Im Anschluss finden sich die Eisenbahnfahrpläne mit ihren dreistelligen Streckennummern, danach die Bergbahnen und Schifffahrtsrouten (beide vierstellig). Der Glacier Express läuft unter der Kursbuchstrecken-Nummer 144. Die Postbuslinien sind im 2. und 3. Band aufgeführt. Das Kursbuch kostet 16 CHF und ist für 12 CHF auch als CD-ROM erhältlich (→ Bahnauskunft, S. 112).

Zum legendären Glacier Express gibt es auch Alternativen. Denn in erster Linie ist es die grandiose Streckenführung, die den Reisenden zu unvergesslichen Eindrücken verhilft. Wenn also der Spontanversuch, einen Platz im Glacier Express zu reservieren, fehlschlägt, kann man immer noch mit normalen Regional- und Schnellzügen fahren. Eine herkömmliche Bahnfahrt hat außerdem den Vorteil, dass sie an jeder Haltestation unterbrochen werden kann, um etwa einen Glacier Express inmitten alpiner Landschaft von außen zu fotografieren. Wann welcher Zug vorbeikommt, verrät das Kursbuch.

Gewusst wo ...

Gediegenheit und guter Service – dadurch zeichnen sich die Schweizer Hotels und Pensionen aus. Das Hotel Kulm am Gornergrat (→ S. 93) bietet darüber hinaus einen grandiosen Blick auf das Matterhorn.

Komfortabel übernachten, gut und bodenständig essen, Land und Leute erleben und nach einem passenden Souvenir schauen – so sieht das perfekte Rahmenprogramm zur Glacier-Express-Reise aus.

Übernachten

Ob mit umwerfendem Blick oder in zentraler Lage – alle Übernachtungswünsche lassen sich erfüllen.

Das Hotel Monte Rosa in Zermatt (→ S. 91) ist eines der Traditionshäuser am Ort. Das altehrwürdige Berghotel liegt zentral in der Nähe des Kirchenplatzes.

Da die Fahrt im Glacier Express eine tagesfüllende Unternehmung ist, muss inklusive Anreise und Heimfahrt ein mindestens dreitägiger Schweizaufenthalt mit zwei Übernachtungen eingeplant werden. Je nach Gusto und Geldbeutel reicht die Palette der angebotenen Übernachtungsmöglichkeiten vom Luxushotel bis zur Jugendherberge.

Bei der Auswahl der Unterkunft sind neben dem Budget auch die persönlichen Ansprüche an den Aufenthalt ausschlaggebend: Was möchte man in der kurzen Zeit neben der Glacier-Express-Fahrt noch genießen? – Möglichst viel Bergpanorama? Quirliges Nachtleben? Ländliche Ruhe? Landestypische Speisen? Oder lieber so viel Eisenbahn wie möglich?

Wer vor dem Schlafengehen beispielsweise noch gern in Richtung Bahnhof bummelt, um ankommende und abfahrende Züge zu beobachten, sollte seine Unterkunft am besten nicht gerade in äußerster Ortsrandlage wählen. Die hier aufgeführten Hotels, die Sie jeweils bei den Orten im Kapitel »Unterwegs mit dem Glacier Express« finden, sind allesamt in fußläufiger Entfernung zum Bahnhof und Ortszentrum gelegen.

Was die Übernachtungskosten anbelangt, so muss man in St. Moritz und Zermatt, den beiden traditionellen Tourismuszentren, mit etwas höheren Preisen als in anderen, weniger bedeutenden Schweizer Ferienorten rechnen.

In einem St. Moritzer Vier-Sterne-Hotel hat der Gast z. B. für ein Doppelzimmer pro Nacht in der Hauptsaison im Sommer und Winter etwa 420–580 CHF zu berappen. In Zermatt liegen die Preise für ein Doppelzimmer in ähnlicher Kategorie etwa bei 200–300 CHF. Doch im Herbst und Frühjahr, in der Nebensaison, sind die Preise zum Teil deutlich niedriger, was auch für Zermatt oder Disentis gilt. In Chur kostet ein Doppelzimmer in vergleichbaren Häusern das ganze Jahr über gleich, etwa 210–270 CHF.

In der Nebensaison hält sich der Tourismusrummel selbst in Zermatt, am Fuße des Matterhorns, und im noblen St. Moritz in Grenzen. Grund genug für Ruhe Suchende, gerade in dieser Zeit anzureisen. Allerdings gilt es zu beachten, dass etliche Hotels gegen Ende Oktober ihren Betrieb für drei bis vier Wochen ruhen lassen. Die meisten der hier empfohlenen Häuser haben jedoch das ganze Jahr über geöffnet.

Erfreulicherweise bieten viele Hotels auch in St. Moritz einen kostenlosen Bring- und Holservice zum bzw. vom Bahnhof an. Reisende, die auch ihre Anfahrt mit der Eisenbahn gestalten, werden diesen Zubringerdienst gerne nützen wollen (bei Reservierung gleich erfragen).

Günstige Arrangements

Wer den Glacier Express in der Hauptsaison erleben möchte, sollte besser die Pauschalarrangements in den Katalogen einschlägiger Anbieter prüfen (→ Reiseveranstalter, S. 114). Die Reiseveranstalter sind mit ihren Kontingenten meist in der Lage, eine Glacier-Express-Fahrt samt gutem Hotel zu einem relativ günstigen Preis anzubieten. In der Nebensaison spricht aber nichts dagegen, sich auf eigene Faust die Unterkunft und Zugfahrt reservieren zu lassen (→ MGB, S. 112).

Wer in Erwägung zieht, länger vor Ort zu bleiben, kann auch eine Ferienwohnung oder ein Chalet (Ferienhaus) mieten, die sich als Stützpunkt für Tagesausflüge eignen. Die Verzeichnisse der Wohnungen und Häuser sind über die örtlichen Verkehrsbüros oder die Infostellen von Schweiz Tourismus in Deutschland und Österreich (→ Auskunft, S. 111) erhältlich.

Essen und Trinken

In den Bündner und Walliser Tälern gedeihen erlesene Weine. Die Küche bietet viel Traditionelles.

Das Schweizer Fondue ist ein Gericht vor allem für kühle Herbst- und kalte Winterabende. Dazu wird ein guter Weißwein gereicht.

Wer in einem Restaurant in Graubünden oder dem Wallis nach den Charakteristika der Küche fragt, wird nicht selten mit dem Begriff »traditionell« oder »einheimisch« konfrontiert. Dabei fällt sogar weniger bewanderten Gästen auf, nicht zuletzt auch wegen der Namen, dass sich hier Einflüsse einer südländischen Küche bemerkbar machen, in der zum Beispiel Maismehl häufiger verwendet wird als in nördlicheren Gefilden. So finden sich auf den Speisekarten der Bündner Gasthäuser oftmals Polentaschnitten als Beilage. Oder man stolpert über den Begriff »Pizzochels« (auch »Pizzocheri«, »Pizokels« oder »Pizzokels«). Das sind Buchweizen-Teigtaschen mit leckerer Gemüse-Käse-Füllung, die ihren Ursprung im italienischsprachigen Val Poschiavo jenseits des Berninapasses haben. Zum Füllen wird gern Weißkohl (»Kabis«) oder auch Spinat verwendet.

Eine recht bekannte Spezialität aus Graubünden ist das so genannte Bündner Fleisch. Hierbei handelt es sich um gepökeltes, an der Luft getrocknetes Rindfleisch von der Keule. Es kommt in hauchdünne Scheibchen gehobelt auf den Tisch. Dazu schmecken ein frisches »Ruchbrot« (Weißenmischbrot mit feinem Roggenschrot) und ein Blauburgunder (Pinot Noir) aus einer der Malanser Kellereien. Malans liegt in der Nähe von Landquart. Weinkenner wissen die qualitätvollen Reben, die hier gedeihen, zu schätzen. Wer es hochprozentiger mag, beispielsweise nach einem üppigen Menü, sollte unbedingt auch eine Malanser Grappa probieren, die samtig weich die Kehle hinunterrinnt. Ein anderes traditionell bündnerisches Gericht sind die »Capuns«: hausgemachte Mangoldwickel mit einer deftigen Füllung aus Landjäger- und Schinkenstreifen sowie Petersilie. Im Herbst locken die Restaurants mit Wildspezialitäten. Gems- oder Hirschpfeffer gehören dann fast zum Standardprogramm eines jeden besseren Lokals. Diese Schmankerln munden besonders mit landestypischen Beilagen, wie glasierten Maroni, Pfifferlingen oder »Plein en pegna«, einer Mischung aus Polenta, geriebenen Kartoffeln und Landjäger-Stückchen, die goldgelb gebacken wird. Luftgetrocknetes Rindfleisch, Hauswurst, ein Stück Käse und Roggenbrot gehören zu einer zünftigen Brotzeit, wie man sie im Wallis schätzt. Zu den Klassikern aus dem Wallis gehört auch das Raclette, das mit Pellkartoffeln, sauren Zwiebeln und Delikatessgurken gereicht wird.

Mangold, Kabis und Maroni

Auch im Glacier Express kann man gut speisen: im kleinen blauen »Gourmino« oder am eigenen Sitzplatz im Panoramawagen. Der Speisewagen rollt während der Sommersaison in den Zügen 906 (Zermatt – St. Moritz) und 911 (Davos Platz – Zermatt). In den beiden »Winter«-Zügen gibt es nur den Speiseservice am Sitzplatz, was nicht weniger reizvoll ist, da man auch während des Essens die Aussicht durch die Panoramafenster genießen kann. In den betreffenden Zügen ist ein moderner Küchenwagen eingereiht. Gekocht werden jeweils regionale Spezialitäten. Passende Weine können ebenfalls bestellt werden. Neben einem Walliser (Dôle) oder Bündner Pinot Noir empfehlen sich die walisischen Weißweine, allen voran der Fendant, ein trockener, fruchtiger Rebsaft aus der Chasselas-Traube (Gutedel), der sich gut zu einem Käsefondue trinken lässt. Apropos Fondue: Obzwar im Wallis weit verbreitet, ist es auch in den französischen Alpen wohl bekannt.

Empfehlenswerte Restaurants und andere Lokale finden Sie jeweils bei den Orten im Kapitel »Unterwegs mit dem Glacier Express«.

Einkaufen

Ein Eisenbahnbuch gefällig? Als Mitbringsel eignen sich Bildbände oder regionale Spezialitäten.

Bei einem Einkaufsbummel durch die Boutiquen in St. Moritz (→ S. 37) sollte man auf »Occasion«, Sonderangebote, achten.

Der Einkaufsbummel in einer Schweizer Innenstadt unterscheidet sich kaum von dem, was in anderen europäischen Zentren erlebt werden kann. Boutiquen, Kaufhäuser, Schuhgeschäfte und Cafés wechseln sich mit Buchläden ab. Wer allerdings in der Schweiz auf Schnäppchenjagd gehen will, muss wissen, dass die Schweizer für das Wort Sonderangebot einen anderen Ausdruck benützen: »Occasion«. Egal, ob Kaschmirpulli oder Skianorak, oftmals wird Saisonware in ausgezeichneter Qualität zu günstigen Preisen an den Mann oder die Frau gebracht.

Bündner Nusstorte

In den kleineren Orten, wie St. Moritz oder Disentis, lohnt es sich, nach Läden Ausschau zu halten, die kulinarische Besonderheiten der Region feilbieten. Beim Rundgang entdeckt man bestimmt eine Bäckerei, die Bündner Nusstorte im Angebot hat. Dieses Naschwerk gibt es meist auch in kleinen Geschenkpackungen transportfertig an der Kuchentheke zu kaufen. Kein Wunder, dass auch der Bord-Shop des Glacier Express diese Torte im Sortiment führt.

Eisenbahnbücher

Eisenbahninteressierte sollten sich in einen Buchladen begeben. Informative Literatur zum Glacier Express kann zwar auch im Bord-Shop des Glacier Express oder einem der Zusteigebahnhöfe erworben werden, naturgemäß hält sich das Angebot dort aber in Grenzen. Im Bahnland Schweiz findet man in den Buchhandlungen meist eine gute Auswahl an Literatur zu den schönsten Schweizer Bahnstrecken, sicher auch zum Glacier Express oder anderen berühmten Zügen. Einige Schweizer Verlage sind bekannt dafür, hervorragend gedruckte Bildbände herauszubringen, auch zum Thema Eisenbahn (→ Buchtipps, S. 112). Gerade an den beiden Endpunkten der klassischen Glacier-Express-Strecke, St. Moritz und Zermatt, sollte man in den Buchläden nach Eisenbahnliteratur fragen. Wer den Bücherkauf zu Beginn seiner Glacier-Express-Tour tätigt, hat auf der Fahrt gleich die passende Reiselektüre dabei, er kann sich mit seiner Lektüre bequem zurücklehnen und das Gesehene mit dem Gelesenen vergleichen bzw. ergänzen.

Metzgereien/Fleischtrocknereien

Schlendert man als Feriengast durch die Straßen der Ortschaften, trifft man auf Metzgereigeschäfte und Fleischtrocknereien, die Bündner Fleisch, Walliser Trockenfleisch und Hauswurst anbieten. Luftdicht eingeschweißt, vertragen die Stücke eine Zeit lang auch den ungekühlten Transport. Sie eignen sich als zünftige Brotzeit unterwegs oder auch als Mitbringsel. Empfehlenswert sind auch die luftgetrockneten Salamisorten oder die Landjäger.

Schweizer Käse und Fertigfondue

Schweizer Käse ist so berühmt wie das Käsefondue. Häufig werben die Hersteller auch mit Bio-Käse aus der Region. Solche Produkte sind in den örtlichen Lebensmittelläden erhältlich und von ausgezeichneter Qualität. Dort kann man sich auch mit Fondue-Fertigprodukten eindecken, um zu Hause ein Original-Käsefondue zuzubereiten.

Spirituosen und Weine

Pflaumenschnaps (»Pflümli«) gehört, ebenso wie ein Wein aus der Region, zu den klassischen Mitbringseln. Dôle und Malanser stehen für die Blauburgunder aus dem Wallis bzw. Graubünden, Fendant und Sylvaner für die Walliser Weißweine. Köstlich ist auch eine hochprozentige Spezialität aus dem Wallis: der Aprikosenschnaps.

Empfehlenswerte Geschäfte und Märkte finden Sie jeweils bei den Orten im Kapitel »Unterwegs mit dem Glacier Express«.

Feste und Events

In Graubünden und Wallis gibt es neben traditionellen Festen interessante Sport- und Kulturereignisse.

Der zugefrorene St. Moritzer See (→ S. 47) ist an drei Sonntagen im Februar Schauplatz des White Turf, eines internationalen Pferderennens.

In der Schweiz gibt es neben den religiösen Festen und Feiertagen, die von Kanton zu Kanton individuell festgelegt sind (→ S. 113), noch eine Reihe interessanter und sehenswerter Sport- und Kulturevents.

Januar

Schlitteda im Engadin

Dieser alte Volksbrauch zum Auftakt der Fasnacht wird in verschiedenen Engadiner Orten, so auch in St. Moritz, gepflegt. Geschmückte Pferdeschlitten fahren durch die tief verschneiten Winterlandschaften. Am Abend endet die Schlitteda meist mit einem Ball.

Informationen bei Kur- und Verkehrsverein St. Moritz (→ Auskunft, S. 111)

Februar

White Turf – St. Moritz

Der tief zugefrorene St. Moritzer See verwandelt sich an drei aufeinander folgenden Sonntagen in einen Rennplatz, auf dem internationale Pferderennen stattfinden.

Kartenreservierung beim Kur- und Verkehrsverein St. Moritz (→ Auskunft, S. 111); Stehplätze kosten 16 CHF, Tribünenplätze zu 45/55 CHF

März

Chalandamarz

Mit Chalandamarz ist im Rätoromanischen der 1. März gemeint. An diesem Tag ziehen Engadiner Buben mit Kuhglocken und lautem Gesang durch die Orte, um den Winter auszutreiben. Ihre Mühe wird von den Anwohnern üblicherweise mit kleinen Geldbeträgen belohnt.

Juni/Juli

Opernfestival Engadin

Im Festsaal des 1896 eröffneten, mondänen Badrutt's Palace Hotel in St. Moritz findet alljährlich ein Opernfestival statt.

Via Serlas 27; Tel. 0 81/8 42 65 73; Karten von 110–190 CHF; www.opernfestival-engadin.ch

Juli

Zermatt Marathon

Eine Herausforderung: der Marathonlauf von St. Nikolaus über Zermatt zum Riffelberg, wobei 1762 Höhenmeter zurückgelegt werden.

www.zermattmarathon.ch

August

Nationalfeiertag

Am 1. August wird der schweizerische Nationalfeiertag begangen. Vielerorts findet ein Feuerwerk statt.

Matterhorn Eagle Cup

Golfturnier in alpiner Landschaft auf einer Höhe von rund 2500 m.

www.matterhorn-eaglecup.ch

Folklore-Festival Zermatt

Etwa um Maria Himmelfahrt (15. August) findet in Zermatt ein großer Trachtenumzug statt.

Freilichtspiele Andermatt

Ein wahres Theatererlebnis mit historischem Hintergrund ist »D'Gotthardposcht«. Das Stück handelt von der 1882 erfolgten Inbetriebnahme der Gotthardbahn und deren Auswirkungen auf die Bewohner des Urserentals.

Andermatt Tourismus (→ Auskunft, S. 112); www.gotthardposcht.ch

September

Ethno-Festival in St. Moritz

Vor dem Hintergrund der alten Feuerbräuche der Bergbevölkerung wird altes Brauchtum gepflegt.

Kur- und Verkehrsverein St. Moritz (→ Auskunft, S. 111)

Oktober

Woldmanndli in Andermatt

Ein Bannbrief aus dem Jahr 1397 befahl der Andermatter Bevölkerung einst den Schutz des benachbarten Waldes. An dieses Gebot erinnern vermummte Gestalten, die stets um den 20. Oktober mit viel Krach aus dem Gurschenwald in den Ort ziehen.

Andermatt Tourismus (→ Auskunft, S. 112)

Sport und Freizeit

Verschiedene Aktivitäten im Freien können die Panorama-Reise im Glacier Express ergänzen.

Sportliches Abenteuer und unvergessliches Erlebnis sind Wildwasserfahrten auf dem Rhein vor der Felskulisse der Rheinschlucht (→ S. 59).

Die Schweizer Ferienorte bemühen sich, ein vielseitiges Angebot zur Urlaubsgestaltung anzubieten. Junge, abenteuerlustige Gäste sollen ebenso auf ihre Kosten kommen wie Senioren oder Familien mit Kindern.

Bahnwandern und Bergtouren

Eisenbahnfreunde wandern gerne an Bahnstrecken entlang, um Züge beobachten und fotografieren zu können, etwa auf dem Eisenbahnlehrpfad im Albulatal, auf Wanderwegen im Val Bever, im Goms oder zwischen Täsch und Zermatt. Bergsteiger finden ein dichtes, gut markiertes Routennetz vor. Wanderkarten gibt es in den Buch- und Andenkenläden der Ferienorte.

Eislaufen

Sowohl in St. Moritz als auch in Zermatt gibt es sonnige Natureisplätze. Es werden auch Kurse angeboten.

Golf spielen

Vor herrlicher Bergkulisse kann man in der Nähe von Zermatt und St. Moritz Golf spielen oder es erlernen.

18-Loch-Anlage bei Samedan:
Tel. 0 81/8 51 04 66
9-Loch-Golfplatz in Randa-Täsch:
Tel. 0 27/9 68 10 75;
www.golfclubmatterhorn.ch

historische Reisepost

Nicht nur die Eisenbahnen im Wallis, Urner Land oder Graubünden bieten Nostalgiefahrten an. Ab Andermatt kann man sich in den unmotorisierten Alltag vergangener Zeiten zurückträumen und mit einer fünfspännigen Postkutsche im originalgetreuen Ambiente über den Gotthard nach Airolo reisen (tgl. von Juli bis September).

Tel. 0 41/8 25 00 42;
www.andermatt.ch

Lama- und Maultier-Trekking

Wer auf Naturerlebnisse erpicht ist und die Gesellschaft sanftmütiger Tiere liebt, kann in Graubünden und dem Wallis Wandertouren mit folgsamen Lamas oder gemütliche Ausflüge auf Maultieren unternehmen. Diese Touren eignen sich besonders für Familien und werden stundenweise oder als Tagesausflüge angeboten.

Nadja u. David Deplazes, Reits 311a, 7173 Surrein; Tel. 0 81/9 43 33 72; wwww.lamaventura.ch
Jacques Christinet, 3920 Zermatt; Tel. 0 79/2 85 66 38; www.muletrekking.com

Radeln und Biken

Das Goms ist ein Paradies für Fahrradfahrer. Am MGB-Bahnhof Oberwald werden Räder aller Art vermietet, vom Kinder-Bike und Tourenrad bis hin zum sportlichen Mountainbike. Die Rückfahrt ist im Zug zu Sondertarifen ab Niederwald, Fiesch oder Mörel möglich.

Matterhorn Gotthard Bahn;
Tel. 0 27/9 27 77 77; www.mgbahn.ch

Rafting (Wildwasserfahrten)

Während der Zugfahrt durch die Rheinschlucht mit ihren schneeweißen Felsen sind immer wieder leuchtend orangerote Schlauchboote auf dem Fluss zu sehen. Wer dabei Lust auf eine Wildwasserpartie verspürt, kann sich an die Kanuschule Versam wenden:

Tel. 0 81/6 45 13 24;
www.kanuschule.ch

Auch im Goms kann man sich je nach Wunsch leichtere oder schwierigere Tages- und Halbtagesfahrten zusammenstellen lassen. Für die individuellen Raftingtouren wendet man sich an:

Garbely Adventure;
3999 Oberwald; Tel. 0 27/9 73 25 75;
www.garbely-adventure.ch

Schneeschuh-Touren

Für Nicht-Skifahrer: Mit Schneeschuhen an den Füßen wandert man z. B. ab Zermatt hinter einem kundigen Führer in die Winterlandschaft hinaus.

Alpin Center, Bergführerbüro Zermatt;
Tel. 0 27/9 66 24 60; www.alpincenter-zermatt.ch

Familientipps – Hits für Kids

Am Ausgangs- oder Endpunkt noch eine erlebnisreiche Unternehmung: Kinder brauchen Abwechslung.

Wandern, Rad fahren, eine Fahrt mit einer historischen Dampflok unternehmen, im Winter rodeln – die Schweiz bietet auch Familien mit Kindern zahlreiche Möglichkeiten.

Soll man mit Kindern überhaupt eine Reise im Glacier Express wagen? Natürlich: Denn gemeinsam Bahnfahren macht Spaß. Aber nicht, wenn es zu lange dauert. Kinder sind mit der fast achtstündigen Zugfahrt oft überfordert. Was nicht für die Kleinsten gelten muss. Im Glacier Express wurden durchaus schon zufrieden an der Flasche nuckelnde Babys gesehen. Diese genossen, wie die dazugehörigen Eltern, die ruhige Atmosphäre im Abteil.

Eltern von quirligen Kleinkindern werden sich eine Glacier-Express-Fahrt wohl kaum zumuten. Sie kämen wohl nur während des Erschöpfungsschlafes ihrer Kleinen zum Genuss des Alpenpanoramas. Anders verhält es sich meist bei etwas größeren Sprösslingen, die schon in den Kindergarten oder in die Schule gehen. Ein Mittagessen im Speisewagen bringt auf jeden Fall Abwechslung in die Reise. Auch Bücher, Papier und Zeichenstifte, Brett- oder Kartenspiele können die Zeit vertreiben, wenn die Kinder einmal nicht an der vorbeiziehenden Alpenlandschaft interessiert sind. Eltern sollten sich vor der Fahrt mit entsprechendem Material eindecken. Einer Glacier-Express-Reise sollte auf jeden Fall ein mehrtägiger Aufenthalt am Zielort folgen, damit sich der Nachwuchs vom langen Stillsitzen erholen kann.

Doch wenn es nicht unbedingt der legendäre Glacier Express sein muss, tut es vielleicht auch ein Regionalzug. Mit diesem kann man Teil strecken fahren, ohne jedes Mal erneut Platzkarte und Zuschlag kaufen zu müssen. Dabei lässt sich die Länge der Eisenbahnfahrt dem »Sitzfleisch« der Kinder anpassen. Empfehlenswert sind kurze Fahrten von maximal einer halben Stunde, die in einer Unternehmung am Zielort gipfeln, wie etwa einer kleinen Wanderung, einem Schwimmbadbesuch oder einer anderen Aktivität, bei der die Kids ihre Energie freisetzen dürfen.

Bahnwandern

Albulatal

Die Umgebung von Bergün im Albulatal eignet sich gut für Familienausflüge. Regionalzüge ab St. Moritz sind in ca. 45 Minuten vor Ort. Südlich von Bergün beginnt der Bahnhistorische Lehrpfad, ein abwechslungsreicher Wanderweg nach Preda (ca. 2 Std.). Mit dem Zug ist man ab hier in etwa 25 Minuten wieder in St. Moritz.

Wiesener Viadukt

Für größere Kinder empfiehlt sich folgende Variante: ab St. Moritz per Eisenbahn bis Preda. Von hier aus den Bahnwanderweg (ca. 1,5 Std.) bis Bergün hinunterlaufen. Danach steht eine Zugfahrt bis Filisur an. Tritt man durch das Bahnhofsgebäude und geht nach rechts parallel zu den Gleisen bergan, gelangt man auf einen ausgeschilderten Weg zum Bahnhof Wiesen (ca. 1 Std.). Das Spektakuläre: Der Weg führt die Wanderer auf einem Fußgängersteg über das berühmte Wiesener Viadukt. Nach dem etwa einstündigen Marsch geht es vom Bahnhof Wiesen mit Regionalzügen über Filisur wieder nach St. Moritz zurück.

Historische Dampfzüge

Die historischen Dampfzüge dürften bei den Kindern ebenfalls gut ankommen (→ S. 73 und 95). Zu Beginn der Fahrt schaut man sich gemeinsam das stählerne »Zugpferd« an, wie es schnauft und zischt.

Schlitten- udn Fahrradzüge

Im Winter locken natürlich die Schlittenzüge von Bergün nach Preda, von wo aus die Rodler auf der für den Verkehr gesperrten Straße hinab nach Bergün sausen (→ S. 45).

Im Sommer können Familien mit Kindern im Goms die Fahrradzüge nutzen (→ S. 31). Mit dem Fahrrad folgt man dem Tal der Rotten locker strampelnd abwärts, mit dem Zug geht es wieder hinauf.

Unterwegs mit dem Glacier Express

Je nachdem, zu welcher Jahreszeit man die Fahrt mit dem Glacier Express unternimmt, durchquert der Zug tief verschneite Winterlandschaften oder sattgrüne, blühende Wiesen, wie diese im Goms (→ S. 76), dem obersten Talabschnitt der jungen Rhône.

Im Glacier Express zu reisen ist wie der Blick in ein Kaleidoskop: voller Vielfalt. Wechselnde Landschaftsformen sorgen stets für neue Impressionen und unvergessliche Eindrücke.

St. Moritz – Ausgangspunkt der Reise

Der Ort bietet sehenswerte Museen, eine malerische Umgebung und zahlreiche Einkaufsmöglichkeiten.

Bei einem Spaziergang um den St. Moritzer See hat man immer wieder schöne Blicke auf die verschiedenen Ortsteile von St. Moritz: St. Moritz-Dorf mit dem alten Siedlungskern nordwestlich des Sees und St. Moritz-Bad im Südwesten.

St. Moritz

→ S. 121, E 12

5120 Einwohner
Ortsplan → S. 38

Die klassische Glacier-Express-Route beginnt in St. Moritz und endet in Zermatt. Selbstverständlich ist auch die Fahrt in umgekehrter Richtung von Zermatt nach St. Moritz möglich. Reisende ab St. Moritz kommen in der Regel einen Tag vor ihrer Bahnfahrt in dem weltberühmten Wander- und Wintersportparadies an. Auf diese Weise haben sie noch Gelegenheit, dem mondänen Flair nachzuspüren, das St. Moritz seinen zahlreichen internationalen Gästen zu verdanken hat, die im Sommer und Winter die Hotels bevölkern.

Die Ortschaft St. Moritz (1775 m ü. M.) gliedert sich in mehrere Teile. Der alte Siedlungskern, St. Moritz-Dorf mit seinen prägenden Hotelbauten und malerischen Gassen, sowie der Bahnhof erstrecken sich nordwestlich des St. Moritzer Sees an einem sonnigen Talhang. Im Südwesten liegen St. Moritz-Bad und etwas außerhalb, in Richtung Silvaplana, der Ortsteil Champfèr, ebenfalls an einem See gelegen.

Die Siedlungsgeschichte von St. Moritz kann bis in die Zeit um 800 bis 300 v. Chr. zurückverfolgt werden. In dieser Zeit hielten sich Kelten in dem Gebiet auf. Zeugnisse der frühen Besiedelung finden sich noch im Ortsbereich von St. Moritz in Form eines Druidensteins sowie Ausgrabungsfunde, die im Engadiner Museum zu sehen sind. Die erste urkundliche Erwähnung fällt in das Jahr 1139. Anlass war der Verkauf des Oberengadins durch den Grafen von Gamertingen an den Bischof von Chur. Auf die kohlensauren Eisenquellen wurde 1535 erstmals durch den Heilkundler Paracelsus hingewiesen. Eine dieser Heilquellen, die Mauritiusquelle, dürfte aber bereits in vorgeschichtlicher Zeit bekannt gewesen sein. Ein Kurhaus mit Trinksaal und Badekabinen entstand 1831. 1853 wurde eine nach Paracelsus benannte Quelle gefasst. Das Manko bestand darin, dass es nur wenige Unterkunftsmöglichkeiten für Gäste gab. Dies änderte sich durch den Pioniergeist des Hotelgründers Johannes Badrutt. Er erwarb 1855 die aus dem 17. Jh. stammende Pension Faller der Familie Flugi, baute sie 1859 um und betrieb sie dann fortan als Hotel »Engandiner Kulm«.

Im selben Jahr hatten sich auch bereits die ersten Skifahrer im Engadin gezeigt und noch Unverständnis und Kopfschütteln bei den Einheimischen ausgelöst. Doch schon sechs Jahre später etablierte sich der Wintersport in St. Moritz und zog neben dem Kurbetrieb immer mehr wohlhabende Feriengäste an. Damit diese bequem zwischen der Kurzone in St. Moritz-Bad und dem Ortskern hin- und herpendeln konnten, entstand eine kleine Straßenbahn, die von 1896 bis 1931 St. Moritz-Dorf mit dem Ortsteil Bad verband.

1904 erlebte St. Moritz die Anbindung an das rhätische Schienennetz. Zum Zeitpunkt der Betriebseröffnung der Strecke Thusis – St. Moritz war der Bahnhof von St. Moritz noch als Durchgangsstation angelegt. Damals hätte die Rhätische Bahn (RhB) ihren Bahnhof aus planerischen Gründen gerne unten am Seeufer gesehen. Die Gemeinde bevorzugte dagegen eine zentrumsnahe Lage, damit die Uferzone als Promenade frei bliebe. Man einigte sich schließlich auf den heutigen Standort. Damals sollte die Trasse durch einen Tunnel unter dem Dorf hindurch in Richtung St. Moritz-Bad, Champfèr, Silvaplana über den Majola weitergeführt werden. Doch der Ausbruch des Ersten Weltkriegs, damit verbunden das Ausbleiben der Touristen, und die absehbar hohen Baukosten im Bergell, an denen die betroffenen Gemeinden nicht Anteil haben wollten, machten alle Planungen zunichte.

In den Jahren 1909 und 1912 erfuhr das Bahnhofsgebäude von St. Moritz jeweils eine Erweiterung, bis es schließlich als dreiflügeliges Ensemble dastand. Auch eine neue 15-m-Drehscheibe entstand 1909. Die Baumaßnahmen waren durch die 1910 fertig gestellte Bernina-Bahn St. Moritz–Tirano nötig geworden, deren Ausgangspunkt im selben Bahnhof lag.

Nach Ende des Ersten Weltkriegs kam der Tourismus wieder in Schwung, und das Empfangsgebäude drohte bald aus allen Nähten zu platzen. Obendrein erhielt St. Moritz den Zuschlag für die Olympischen Winterspiele 1928. Die RhB reagierte auf diese Herausforderung, indem sie 1927 auf den Grundmauern des alten ein neues Bahnhofsgebäude nach den Plänen des St. Moritzer Architekten Nikolaus Hartmann errichten ließ. Als Vorbild diente der Badische Bahnhof (erbaut 1914) in Basel. Markantes Erkennungszeichen des neuen St. Moritzer Bahnhofs ist nach wie vor der zentral angeordnete Uhrturm.

Die Eisenbahn verbindet St. Moritz mit dem Rest der Welt auf umweltfreundliche Weise. Die für den Betrieb der Elektroloks nötige Energie wird von Wasserkraftwerken geliefert. Die Gemeinde St. Moritz bemüht sich, neben der Wasserkraft so weit wie möglich auch andere erneuerbare Energiequellen, wie die Photovoltaik oder Biogas, zu nutzen. So werden beispielsweise die Chantarella-Corviglia-Standseilbahn und die Piz-Nair-Luftseilbahn mit Solarstrom betrieben. Eine sinnvolle Idee, sprechen die St. Moritzer doch selbst davon, im Schnitt gar 322 Sonnentage genießen zu dürfen. Im Mai 2004 ist der Gemeinde vom Schweizer Bundespräsidenten der Titel »Energiestadt« verliehen worden, als Auszeichnung für ihre Bemühungen um eine ökologisch verträgliche Energienutzung.

St. Moritz kann als typisches Dienstleistungszentrum bezeichnet werden. Die meisten Beschäftigten arbeiten in diesem Wirtschaftssektor. Betrachtet man die relative Verteilung, ergibt sich folgendes Bild: im Landwirtschaftssektor 24 Beschäftigte, im Gewerbe 844 und im Dienstleistungssektor 3758.

Hotels/andere Unterkünfte

Hauser → S. 38, a 2

Wer vom Bahnhof aus die Via Serlas Richtung Ortszentrum hinauffährt oder -läuft, trifft schließlich auf den Plaz de la Posta Veglia, wo sich das Hotel Hauser befindet. Es ist ein nüchterner moderner Bau, der aber in seinem Inneren mit solidem Komfort, einem Restaurant und eigener Konditorei aufwartet. Die modern ausgestatteten Zimmer, von denen viele auf die sonnige Südseite gehen, sind rauchfrei Das Haus empfiehlt sich durch freundlichen Service und die zentrale Lage.

Via Traunter Plazzas 7; Tel. 0 81/8 37 50 50, Fax 0 81/8 37 50 55; www. hotelhauser.ch; ganzjährig geöffnet; 52 Zimmer ●●● CREDIT

Steffani → S. 38, a 2

Auf demselben Weg, wie man zum Hotel Hauser kommt, erreicht man auch das 4-Sterne-Hotel Steffani mit seiner großen Steinterrasse, die gleich ins Auge springt. Ein altes Londoner Taxi holt die Gäste auf Wunsch vom Bahnhof ab. Das Haus verfügt über ein eigenes Restaurant (Lapin Bleu), das traditionelle Schweizer Speisen offeriert. Dank der zentralen Lage sind die Sehenswürdigkeiten von St. Moritz schnell zu erreichen.

Pl. d. Posta Veglia; Tel. 0 81/8 36 96 96, Fax 0 81/8 36 97 17; www.steffani.ch; ganzjährig geöffnet; 64 Zimmer ●●● CREDIT

Waldhaus am See → S. 38, c 2

Das stilvolle Gebäude am Ufer des St. Moritzer Sees fällt ankommenden Bahnreisenden gleich ins Auge. Zu

MERIAN-Tipp

1 Restaurant Veltliner Keller

Gemütliches Lokal, das auch von Einheimischen gern besucht wird. Hier gibt es feine »Pizzocheri« (Teigtaschen aus Buchweizen, gefüllt mit Spinat, Käse, Bohnen oder anderem Gemuse, mit Butter und Salbei). Diese Spezialität stammt aus dem Puschlav und war ursprünglich ein Arme-Leute-Essen. In der Hauptsaison sollte ein Platz reserviert werden. Ansonsten vorbeischauen, ob was frei ist ...

Via dal Bagn 11; Tel. 0 81/8 33 40 09; abends geöffnet, im Okt. und Mai (Nebensaison) So geschl. ●● CREDIT

→ S. 38, a 3

diesem ruhig gelegenen 3-Sterne-Hotel gelangt man zu Fuß vom Bahnhof aus in wenigen Minuten. Die großen Fenster des Restaurants bieten einen grandiosen Rundblick. Das Hotel besitzt eine über die Schweizer Grenzen hinaus bekannte Whisky-Sammlung mit fast 1000 Sorten, die in der hauseigenen Bar verkostet werden können, und eine Bibliothek.

Via Dim Lej 6; Tel. 0 81/8 36 60 00, Fax 0 81/836 60 60; www.waldhaus-am-see.ch; ganzjährig geöffnet; 51 Zimmer ●●● CREDIT

Arte → S. 38, b 1

Kleines Hotel mit Zimmern, die nach bestimmten Länder-Themen eingerichtet sind, z. B. Türkei oder Australien. Von hier aus ist es nicht weit zur Standseilbahn Chantarella/Corviglia.

Via Tinus 7; Tel. 0 81/8 37 58 58, Fax 0 81/8 37 58 59; www.hotel-art.ch; ganzjährig geöffnet; 9 Zimmer ●● CREDIT

Steinbock → S. 38, b 1/2

Ebenfalls ein sehr gediegenes Haus, das ungefähr auf halbem Weg vom Bahnhof an der Via Serlas zum Ortszentrum liegt. Das kleine, familienfreundliche Hotel besitzt im unteren Stockwerk ein Restaurant, in dem Grillspezialitäten angeboten werden. Es ist auch empfehlenswert, wenn man nur Kaffee und Kuchen zu sich nehmen will.

Via Serlas 12; Tel. 0 81/8 33 60 35; www.steinbock-stmoritz.ch; Betriebsferien im Mai und Nov.; 15 Zimmer ●● CREDIT Aufpreis 10 CHF/Tag

SPAZIERGANG

Vom Plaz de la Posta Veglia geht es zunächst die Via Traunter entlang bis zum Plaz de la Scuola. Unschwer ist das alte Schulhaus zu erkennen, in dem eine Bibliothek mit vielfältiger Literatur zur Ortsgeschichte untergebracht ist. Nach rechts hin kann man mehrmals in enge Gässchen ausweichen und die Auslagen der Designer-Läden bewundern.

Folgt man vom Plaz de la Scuola dem gewundenen Straßenverlauf bergwärts, gelangt man in die Via Maistra. Nach etwa 20 Minuten Fußmarsch rückt linker Hand der **Schiefe Turm** ins Bild, das Wahrzeichen von St. Moritz. Läuft man die Via Maistra auf der rechten Seite weiter bergan, so bietet sich vor dem Eisplatz die Möglichkeit, nach rechts abzubiegen

Die Berninabahn (→ MERIAN-Tipp, S. 41) führt auf über 2250 Meter Höhe hinauf.

MERIAN-Tipp

2 Berninabahn – Abstecher nach Tirano

Eine weitere faszinierende Eisenbahnstrecke führt ab Chur mit Zustiegsmöglichkeit in St. Moritz über Ospizio Bernina, Alp Grüm und Poschlavo nach Tirano. Auf ihr verkehrt der legendäre Bernina Express. Atemberaubende Ausblicke auf die alpine Gletscherwelt bieten sich dem Reisenden während des Aufstiegs zum Bernina-Pass (Station Ospizio Bernina, 2253 m ü. M.) und beim Abstieg zum Endbahnhof Tirano (429 m ü. M.). Über zwei steil abfallende Geländestufen klettert die Bahn bei Alp Grüm und Poschiavo abwärts. Malerische Seen werden passiert, wie der Lago Bianco unweit der Passhöhe und der Lago di Poschiavo nahe der gleichnamigen Ortschaft. Die Bernina-Strecke St. Moritz–Tirano verfügt im Gegensatz zum RhB-Stammnetz (Wechselstrom) über eine Gleichstrom-Fahrleitung.

Rhätische Bahn AG; Tel. 0 81/8 12 88 61 00; www.rhb.ch

···› S. 121 E 12–südl. F 12

und zur Geländekante vorzugehen, von wo aus sich ein schöner Blick hinunter auf den Bahnhof und den St. **Moritzer See** ergibt. Läuft man hingegen auf der Via Maistra weiter, zweigt nach rechts ein Weg zur berühmten **Bobbahn** und dem **Druidenstein** ab. Zurück auf der Via Maistra bleibt man auf der linken Straßenseite und begibt sich links in die Via Veglia hinein, wo sich zur Linken das parkähnliche Areal und der prachtvolle Gebäudekomplex des Hotel Kulm erstrecken. Folgt man der Via Veglia, kann man bald wieder durch eine kurze Querstraße in die Via Mais-tra hinüberwechseln und den Rückweg hinunter zum Plaz de la Posta Veglia antreten.

Dauer: ca. 1 Std. 45 Min.

Vom Plaz de la Posta Veglia aus lässt sich auch ein anderer Spaziergang unternehmen. Man biegt in die Via Somplaz ein und geht bis zum Hotel Soldanella, wo der 2 km lange **Segantini-Weg** beginnt. Er führt rechts der Straße durch ein Wäldchen und liefert anhand von sechs Schautafeln interessante Informationen zum Leben und Werk des Malers Giovanni Segantini (1858–1899). Bleibt man auf dem Segantini-Weg, gelangt man wieder auf die Via Somplaz und zum Plaz de la Posta Veglia zurück.

Dauer: ca. 1 Std. 15 Min.

Sehenswertes

Druidenstein/Olympia-Bobbahn

···› S. 38, c 1

Die einzige Natureis-Bobbahn der Welt ist 1612 m lang und endet in Celerina. Oberhalb des Startpunkts findet sich ein Druidenstein, Kultstätte der Kelten, die im 1. Jt. v. Chr. das Engadin bewohnten. Der »Stein« präsentiert sich als großer Granitblock, der auf drei kleineren Steinen ruht. Auf der Bobbahn, auf der auch schon olympische Wettkämpfe ausgetragen wurden, finden an den Winterwochenenden regelmäßig nationale und internationale Rennen statt. Auch Gäste dürfen auf der Bobbahn mitfahren. Als Belohnung für den Mut gibt es ein Diplom und eine Anstecknadel.

Bob-Gästefahrten für Erw. ab 18 J. im Winter ab Ende Dez.–Anfang März, Mo–Fr nach Voranmeldung; Tel. 0 81/8 30 02 00; 210 CHF/Person

Erste elektrische Straßenlampe der Schweiz

···› S. 38, b 1

In der Via Maistra steht beim Schiefen Turm ein Modell der ersten elektrischen Straßenlampe der Schweiz.

Schiefer Turm

···› S. 38, b 1

Das Wahrzeichen des Ortes ist ein Überbleibsel der St.-Mauritius-Kirche von 1573, die 1890 abgebrochen wurde. Der 33 m hohe Turm weist eine Neigung von 5,5 Grad auf.

Auch St. Moritz kann mit einem schiefen Turm (→ S. 41) aufwarten. Er gilt als Wahrzeichen des Ortes.

St. Moritzer See → S. 38, c 3
Der ca. 40 m tiefe, 1,5 km lange und 500 m breite See wird vom Inn gespeist, der hier En genannt wird. Blickt man vom Wanderweg, auf dem sich das Gewässer umrunden lässt, nach St. Moritz hinüber, bietet sich bei Windstille ein schönes Schauspiel: Häuser, Berge und Wälder spiegeln sich im See.

MUSEEN

Engadiner Museum → S. 38, a 3
Zwischen St. Moritz-Dorf und St. Moritz-Bad ist dieses Museum gelegen. In dem 1905 erbauten Gebäude ist eine kulturhistorisch interessante Sammlung alter Engadiner Möbel und Gebrauchsgegenstände zu sehen.
Via dal Bagn 39;
Tel. 0 81/8 33 43 33, Fax 0 81/833 50 07;
Mo–Fr 10–12, 14–17, So 10–12 Uhr;
Erw. 5 CHF, Kinder 2,50 CHF

Mili-Weber-Haus → S. 38, d 2
Folgt man der Via Dim Lej, in der auch das Hotel Waldhaus am See liegt, bergwärts, gelangt man zum 1917 erbauten Wohnhaus der Malerin Mili Weber (1891–1978), das das umfassende Lebenswerk der Künstlerin präsentiert. Das im wallisischen Stil als Blockhaus errichtete Gebäude birgt eine Fülle von Aquarellbildern der stark naturverbundenen Künstlerin, die als bevorzugtes Motiv zarte Blüten und Pflanzen malte und diese dann mit Kindergesichtern versah.
Via Dim Lej 35; Tel. 0 81/8 33 31 86,
8 33 53 55 oder 8 33 42 95;
Besichtigung nach Vereinbarung

Segantini-Museum → S. 38, a 3
Vom Segantini-Pfad zweigt ein Weg zum gleichnamigen Museum ab, in dem Werke des Malers zu besichtigen sind. Der aus Mailand stammende Giovanni Segantini verbrachte seine letzten Lebensjahre im Engadin und schuf hier eindrucksvolle Bilder, die das Leben der Bergbevölkerung thematisieren. Das aus Natursteinen gemauerte Gebäude mit seiner Kuppel wurde dem Entwurf des Engadiner Pavillons nachempfunden, den Segantini für die Pariser Weltausstellung 1900 geplant hatte. Der Maler erlebte die Weltausstellung jedoch nicht mehr, da er ein Jahr vorher starb. Architekt des 1908 eröffneten Museums war derselbe, der später auch den St. Moritzer Bahnhof schuf: Nikolaus Hartmann.
Via Somplaz 30;
Tel. 0 81/833 44 54, Fax 0 81/832 24 54;
www.segantini-museum.ch;
20. Mai–20. Okt. und 10. Dez.–20. April
tgl. außer Mo 10–12 und 14–18 Uhr;
Erw. 10 CHF, Kinder 2 CHF

Essen und Trinken

Grischuna → S. 38, b 2
Wer die Vielfalt der italienischen Küche schätzt, wird im Restaurant Grischuna, das zum Hotel Monopol gehört, sicher auf seine Kosten kommen. Das Lokal ist auch bei den Einheimischen sehr beliebt und daher stets gut besucht. Um sicher zu gehen, sollte man sich also rechtzeitig einen Tisch reservieren lassen. Im Sommer ist das Restaurant sonntags geschlossen.
Via Maistra 17; Tel. 0 81/8 37 04 04, Fax 0 81/8 37 04 05; Betriebsferien im April/Mai und Okt./Nov. ●●●● CREDIT

La Marmite/Brasserie → S. 38, nördl. a 1
Auf der Corviglia, die mit der gleichnamigen Standseilbahn von St. Moritz-Dorf (unweit des Plaz de la Scuola) aus erreichbar ist, befindet sich ein Restaurantkomplex mit dem Namen »Mathis Food Affairs«. Das moderne Gebäude liegt auf einer Höhe von 2488 m mitten im Ski- bzw. Wandergebiet und bietet eine herrliche Aussicht. Hier kann man sich in den Wintermonaten zur Mittagszeit in der Brasserie versorgen oder im vornehmen La Marmite speisen. Im Sommer wird lediglich Self-Service geboten.
Corviglia; Tel. 0 81/833 63 55, Fax 0 81/8 33 85 81; Dez.–Mitte April mittags geöffnet; La Marmite ●●●, Brasserie ●● CREDIT

Pizzeria Arte → S. 38, b 1
Pizza-Stube mit kleinem Angebot, die nur abends geöffnet hat. Das Haus mit der freundlichen Atmosphäre liegt im oberen Teil von St. Moritz-Dorf und empfiehlt sich für hungrige Spaziergänger, die den Ort in Richtung Bobbahn erkundet haben oder mit der Standseilbahn zur Chantarella hinaufgefahren sind. In der Hauptsaison sollte man einen Tisch reservieren.
Via Tinus 7; Tel. 0 81/8 37 58 58, Fax 0 81/8 37 58 59; abends geöffnet ● CREDIT

Einkaufen

Bijouterie Ghezzi → S. 38, b 1
Hier gibt es Schmuck und Schweizer Uhren, die weltweit einen hervorragenden Ruf genießen.
Via Maistra 28; Tel. 0 81/8 33 85 88

Buchhandlung Wega → S. 38, a 1
Diese Buchhandlung führt neben einer reichen Auswahl für Lesehungrige auch Postkarten und Mitbringsel.
Via Mulin 4; Tel. 0 81/8 33 31 71, Fax 0 81/8 32 13 71; www.wega-stmoritz.ch

Giovanni Bornatico Früchte-Gemüse-Delikatessen → S. 38, b 1
Die Schweiz kann mit köstlichem Käse und anderen Delikatessen aufwarten. Sie sind in den St. Moritzer Lebensmittelläden wie diesem erhältlich.
Via Maistra 39; Tel. 0 81/833 34 50, Fax 0 81/832 13 58

Madeleina Blaesi → S. 38, b 2
Bogner-Mode für sportliche Anlässe kann im Geschäft von Madeleina Blaesi erworben werden.
Via Serlas 30; Tel. 0 81/8 33 91 51

Spielwaren Paul Buder → S. 38, südl. a 3
Mitunter ergibt sich während eines Urlaubsaufenthaltes der Bedarf an neuem Spielzeug für den Nachwuchs. Solches und auch Tee, Tabak und Postkarten bietet dieses Geschäft.
Via Rosatsch 9, St. Moritz-Bad; Tel. 0 81/8 33 32 16

Service

Kur- und Verkehrsverein → S. 38, b 2
Via Maistra 12; Tel. 0 81/837 33 33, Fax 0 81/837 33 77; www.stmoritz.ch

Medizinisches Therapiezentrum Heilbad St. Moritz → S. 38, südl. a 3
Interessierte Besucher erhalten hier Auskunft über Therapieleistungen und Behandlungen.
Plazza Paracelsus, St. Moritz-Bad; Tel. 0 81/833 30 62, Fax 0 81/833 92 28

Von St. Moritz nach Chur

Diese Etappe führt vom Oberengadin ins Domleschg, wo Vorder- und Hinterrhein zusammenfließen.

Auf der Fahrt durch die Albulaschlucht verliert so mancher Reisende wegen der vielen Kehrschleifen die Orientierung.

Früher Vormittag. Im Bahnhof von St. Moritz wartet der Glacier Express bereits auf seinem Gleis. Stimmengewirr am Bahnsteig. Gäste aus aller Welt steigen in die Wagen, suchen sich ihre reservierten Plätze. Manche führen recht ansehnliches Gepäck mit sich, denn ihre Glacier-Express-Reise ist Bestandteil eines längeren Europa-Aufenthalts.

Durchs Engadin
Der Glacier Express folgt auf seinem ersten Reiseabschnitt dem Flusslauf des Inn/En.

Dann ist es so weit. Der Zugbegleiter signalisiert dem Lokführer ein O.K., die Türen schließen automatisch, und los geht die Fahrt. Langsam lässt der Zug St. Moritz hinter sich. Dabei folgt er dem Flusslauf des Inn/En. Gleich hinter dem Bahnhof zweigt der Ast der Bernina-Strecke ab. Über Celerina wird nach etwa 15-minütiger Fahrt Samedan (1705 m ü. M.) erreicht, wo einige Reisende zusteigen. Der 2800 Einwohner zählende Hauptort des Oberengadins verfügt über einen kleinen Flughafen, den die illustre Gesellschaft gerne für die Anreise nach St. Moritz nutzt. Bereits seit 1882 gibt es hier einen Golfplatz. Im weitgehend historischen Ortszentrum finden sich viele hübsche Engadiner Häuser mit ihren typischen Verzierungen und Anschriften.

Nur wenige Kilometer weiter passiert der Zug das malerische Dorf Bever, um dahinter in das gleichnamige Tal einzubiegen. Wer Ruhe und Natur genießen möchte, dem liefert das Val Bever genug davon. Das Tal ist autofrei und durch Wanderwege erschlossen. Im Winter ist es ein Paradies für Skilangläufer, gehört aber oft zu den kältesten Plätzen der Schweiz. Der Zug durchfährt das Val Bever auf einer Länge von ca. 3,5 km, um dann bei der Station Spinas (1814 m ü. M.) unvermittelt ins Dunkle zu tauchen.

3

Ruhe und Natur
Das autofreie Val Bever, ein Seitental des Inntals, bietet im Sommer viele Wanderwege, im Winter schöne Langlaufloipen.

Verschlungene Kehrschleifen

Der Glacier Express gelangt vor der Station Preda (1789 m ü. M.) wieder ans Tageslicht. Jetzt beginnt die verwirrende Fahrt durch die Albulaschlucht, auch »Albula-Zirkus« genannt, wegen der zahlreichen teils miteinander verschlungenen Kehrschleifen und -tunnels. Die spektakuläre Trassierung dieses Teilstücks zwischen Preda und Bergün wird am ehesten durch eine Detailskizze (→ S. 47) deutlich. Am Wagenfenster den Verlauf der Strecke mitzuverfolgen gibt der Reisende rasch auf. Ergeben lehnt er sich bald zurück und genießt die eindrucksvolle Landschaft – ziemlich orientierungslos. Doch dieser Zustand bleibt ja nicht allzu lange erhalten. Nach knapp 20-minütiger-Fahrt ist Bergün erreicht. In mehreren Kehren klettert der Zug langsam zu dem Ferienort hinab. Dabei kann man ausgiebig den Blick auf die pittoreske Häuseransammlung genießen. In deren Mitte thront das Wahrzeichen Bergüns, der 40 m hohe Platzturm, ein trutziges Bauwerk, das schon an die 800 Jahre lang das Ortsbild prägt.

Im Winter sammeln sich Jung und Alt im Bahnhof von Bergün, um mit einem der Regionalzüge nach Preda hi-naufzufahren. Sie führen ihre Schlitten mit, denn die geschwungene Straße von Preda nach Bergün hinab wird, sobald sich eine brauchbare Schneedecke gebildet hat, für den Autoverkehr gesperrt. Dann gehört sie den Schlittenfahrern.

Architektur
Der malerische Ort Bergün weist typische Engadiner Häuser auf, die teils noch aus dem 17. und 18. Jh. stammen.

Engadiner Häuser

Die Albulaschlucht bietet auch Eisenbahnfreunden eine schöne Wandermöglichkeit: Zwischen Preda und Bergün ist ein Bahnhistorischer Lehrpfad angelegt, der sich

Lehrreiches
Der Bahnhistorische Lehrpfad durch die Albulaschlucht bietet viele informative Schautafeln und herrliche Ausblicke auf die Strecke.

in der schneefreien Zeit in ca. 2 Stunden leicht erwandern lässt. Auf diesem Weg, der an den gemauerten Albula-Viadukten II und III vorbeiführt, immer wieder herrliche Ausblicke auf die Strecke ermöglicht und mit Schautafeln bestückt ist, erfährt der Wanderer Interessantes zum Bahnbau.

Auf seiner weiteren Fahrt hoch oben an der rechten Talflanke entlang erreicht der Glacier Express Filisur. Während der Bahnhof (1080 m ü. M.) auf einer sonnenbeschienenen Geländestufe liegt und Ausgangspunkt für schöne Wanderrouten ist, beispielsweise zur Burgruine Greifenstein, kauert der Ortskern unten am Talboden. Die Hauptstraße wird von sehenswerten Häusern im Engadiner Stil gesäumt.

Streckenast
Der ab Davos Platz verkehrende Glacier Express trifft in Filisur auf die von St. Moritz kommende Stammstrecke.

In Filisur gabelt sich die Strecke. Auf dem rechten Ast verkehren die Glacier-Express-Züge 902 und 911 (Zermatt – Davos Platz/Davos Platz – Zermatt). Hier findet sich auch das imposante Wiesener Viadukt, eine gemauerte Brücke mit weitem Hauptbogen (→ S. 33). Die Stammstrecke führt auf dem linken Ast in Richtung Thusis/Chur weiter und erreicht gleich darauf das Landwasserviadukt, eine 64 m hohe und 130 m lange Brücke, die auf sechs hochgemauerten Pfeilern das Flusstal des Landwassers überwindet (→ S. 48).

Schaurige Schynschlucht

Sobald der Zug über das Landwasserviadukt rollt, sollte man einen Blick aus dem Fenster wagen. Es geht schaurig tief hinunter. Das nächste Bauwerk ist bald darauf auch schon zu sehen: das ebenfalls aus Natursteinen gemauerte, 137 m lange Schmittentobelviadukt. Dann folgt die Bahn dem Lauf der Albula durch ein grünes Tal. Die Dörfer sind von der Zugstrecke aus nicht zu sehen, sie verstecken sich hoch oben an den Südhängen, so auch die Ortschaft Alvaneu, während der dazugehörige Bahnhof unten im Talgrund an der Strecke liegt. Nach einer etwa viertelstündigen Fahrt ab Filisur wird Tiefencastel (884 m ü. M.) erreicht. Hier am Zusammenfluss der Julia und Albula zweigt die Passstraße zum Julier ab, eine Route, die schon zu Römerzeiten benutzt wurde. Damals befand sich hier ein Kastell mit dem Namen Imacastra. Das Ortsbild von Tiefencastel wird durch die barocke Pfarrkirche St. Stephanus geprägt, besser gesagt deren südländisch wirkenden Turm.

Höchstes Bauwerk
Die Solisbrücke über die Albula ist mit 85 m das höchste Viadukt auf der Glacier-Express-Strecke.

Das höchste Bauwerk der Rhätischen Bahn befährt der Glacier Express kurz hinter Tiefencastel. Es ist die 85 m hohe und 164 m lange Solisbrücke. Sie überspannt die enge Schynschlucht, in der sich die Albula wild schäumend hindurchzwängt. Auch für die Bahn geht es im weiteren Trassenverlauf recht eng zu. Mehrmals

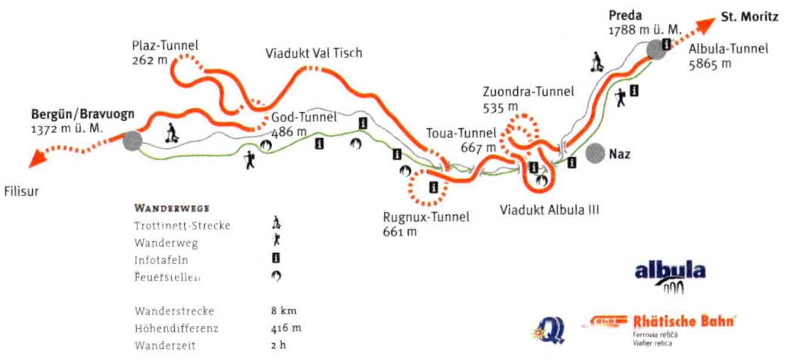

Das Teilstück zwischen Preda und Bergün wird wegen der außergewöhnlichen Streckenführung auch »Albula-Zirkus« genannt.

verschwindet das Gleis in einem Tunnel, bis es schließlich in Thusis (697 m ü. M.) anlangt. Der 2600 Einwohner zählende Marktort fiel im Jahre 1845 fast zur Gänze einer alles vernichtenden Feuersbrunst zum Opfer. Die evangelische Pfarrkirche von 1506 blieb dagegen erhalten. Von Thusis nach Zillis führt ein markierter Wanderweg durch die berühmte Via Mala, eine tiefe und enge Schlucht des Hinterrheins, um die sich zahlreiche Schauergeschichten ranken. In den vergangenen Jahrhunderten war sie Inspirationsquelle für viele Maler und Schriftsteller. Der Fußmarsch durch die Schlucht dauert etwa drei Stunden und führt über viele Treppen fast bis zum Talgrund hinunter.

Via Mala
Die sagenumwobene Via Mala stellte lange die einzige Möglichkeit dar, von Süden ins Domleschg zu gelangen.

Die Burgen des Domleschg

Während der Glacier Express bis Thusis mehr oder weniger westwärts unterwegs war, strebt er jetzt in Richtung Norden. Kurz hinter Thusis ist die Albula schon am Ende ihrer Reise angekommen. Sie mündet hier in den Hinterrhein. Der Zug fährt nun etwa eine Viertelstunde lang durch ein weites Tal. Zur Rechten erhebt sich das Domleschg, eine charakteristische Hügelkette, die als »Burgenland« bekannt ist. Fast auf jedem Berg thront eine Burg, so beispielsweise die Festung Rhäzüns aus dem 13. bis 16. Jh. bei der gleichnamigen Ortschaft oder die markante Burg Ortenstein, auf einem Felsen zwischen den Stationen Rothenbrunnen und Rodels-Realta erkennbar.

Burg an Burg
Aufgrund seiner zahlreichen Burgen und Festungen trägt das Domleschg auch den Beinamen Burgenland.

Schließlich folgt der Halt in Reichenau-Tamins: Hier vereinen sich Vorder- und Hinterrhein zum allseits bekannten Fluss, der seine längste Wegstrecke durch deutsche Lande zurücklegt. Gute zehn Minuten später ist der Glacier Express in Chur angelangt, der Hauptstadt des Kantons Graubünden.

Eisenbahnbrücken

Der Glacier Express befährt eine Vielzahl von Brücken. Einige davon sind grandiose Bauwerke.

Über 291 Brücken fährt der Glacier Express auf seiner Route vom Oberengadiner St. Moritz bis nach Zermatt, dem Ferienort am Fuße des Matterhorns. Kaum ein Gast an Bord des Zuges wird auf die Idee kommen, die Anzahl der Brücken zu überprüfen. Dieses Unterfangen dürfte auch recht schwierig sein, zumal man viele der kleinen Brücken als solche oft gar nicht wahrnimmt. Das großartige Landwasserviadukt mit seinen hoch aufragenden Pfeilern oder die herrlichen gemauerten Viadukte im oberen, wilden Albulatal hingegen ziehen die Menschen immer wieder in ihren Bann.

Es sind vor allem die besonderen topografischen Gegebenheiten entlang der Reiseroute, die den Bau zahlreicher Kunstbauten notwendig machten. Während auf den ersten Kilometern von St. Moritz bis zum Albulatunnel nur einige wenige unspektakuläre Bauten zu nennen sind, finden sich hingegen im darauf folgenden Albulatal dank der einzigartigen Linienführung mehrere markante Viadukte. Sie überspannen den namensgebenden Fluss, die Albula. Es gibt vier Stück (mit römisch I bis IV bezeichnet), davon ist Albula-III das längste. Mit seinen 137 m übertrifft es die anderen schon recht deutlich (95 m, 59 m und 44 m). Aber auch der Abschnitt von Bergün bis nach Filisur kann mit einigen spektakulären Bauten aufwarten. Die beiden Stulsertobelviadukte, eingebettet zwischen den beiden gleichnamigen Tunnels, bilden ein herrliches Ensemble in einer sehr schwer zugänglichen Gegend.

Die berühmteste aller Brücken auf der gesamten Reiseroute dürfte aber zweifellos die über dem Landwassertal sein, die sich unmittelbar an den gleichnamigen, 216 m langen Tunnel anschließt. Die Brückenfahrbahn scheint hier direkt an der Felswand zu kleben, die rund 100 m hoch steil aus dem Talgrund des Landwassers aufragt. Das im Bogen liegende, majestätische Bauwerk wurde in einem Radius von 100 m angelegt.

während sonst auf der Albulalinie 120 m üblich sind. Um den daraus resultierenden größeren Fahrwiderständen zu begegnen, weist das Landwasserviadukt eine geringere Neigung auf: Nur 20 ‰ anstatt 25 ‰ wurden von den Bahnbauern auf diesem Abschnitt realisiert.

Wie bei vielen anderen Bauwerken auch, wurde das Baumaterial aus der direkten Umgebung gewonnen. Das Mauerwerk aus dunklem Kalkstein fügt sich auch deshalb so harmonisch in die umgebende Landschaft ein.

Mit einer Länge von 130 m und einer Höhe von 64 m nehmen sich die Abmessungen des Landwasserviadukts wirklich beachtlich aus. Der höchste Pfeiler misst 58 m, alle fünf sind durch Gewölbe mit einer lichten Weite von jeweils 20 m zu diesem einzigartigen Bauwerk verbunden. Die auf hartem Fels fundierten Pfeiler verjüngen sich nach oben hin: So misst einer von ihnen am Boden etwa 9,40 auf 9,90 m und oben nur noch 4,10 auf 4,90 m. Das Gewicht eines Stützpfeilers beträgt rund 6200 Tonnen. Als weiteres besonderes Konstruktionsmerkmal weisen die Pfeiler, in der Bahnachse gesehen, einen asymmetrischen Aufbau auf. Dabei ist die Innenseite steiler als die Außenseite. Dadurch werden die im engen Gleisbogen vom Zug ausgehenden und auf die Brücke wirkenden Zentrifugalkräfte aufgefangen.

Beim Aufbau des Landwasserviadukts konnte auf ein großes Leergerüst, wie sonst üblich, verzichtet werden. Denn in jedem der drei hohen Pfeiler war ein eiserner Turm eingebaut und jeweils mit einer hochziehbaren Kranbrücke versehen worden. Dank dieser Vorrichtung und einer elektrischen Winde gelang es den Arbeitern, das benötigte Baumaterial emporzuschaffen. Die Türme wuchsen dem Baufortschritt entsprechend in die Höhe, bis die Gewölbe mit Hilfe eines aufliegenden Holzgerüsts aufgemauert werden konnten. Das erste und letzte Gewölbe wurde jeweils mit starken Widerlagern auf beiden Seiten des Tales in den Felswänden verankert. In nur 13 Monaten war das imposante Bauwerk fertig gestellt. Angesichts der bescheidenen technischen Hilfsmittel ist dies eine beachtliche Leistung.

Doch trotz aller Superlative kann das Landwasserviadukt einen Titel nicht in Anspruch nehmen, nähmlich die höchste Brücke auf dem RhB-Netz

Das Landwasserviadukt, eine grandiose Ingenieursleistung, überwindet in einem weiten Linksbogen die tiefe Landwasserschlucht.

Der Bau der Solisbrücke, des höchsten Viadukts der Rhätischen Bahn, dauerte nur ein Jahr.

zu sein. Dieses Attribut fällt der Solisbrücke zu. Nahe der gleichnamigen Station überbrückt die 164 m lange, gemauerte Brücke in einer luftigen Höhe von 89 m die von der Albula durchflossen Schynschlucht. Die Hauptöffnung misst in der lichten Weite 42 m. Wiederum stammen die dunklen Kalksteinquader, die für das binnen eines Jahres errichtete Bauwerk verwendet wurden, aus der unmittelbaren Umgebung. Die Brücke war die erste der Schweiz, deren Statik von einem Ingenieur namens Hans Studer nach der so genannten Elastizitätstheorie berechnet wurde. Links und rechts der Eisenbahnbrücke überspannen die alte und die neue Straßenbrücke die Schlucht.

Kurz vor Thusis befand sich bis Oktober 1993 eine beachtenswerte Eisenkonstruktion, die Hinterrheinbrücke. Im Zuge des Streckenausbaus musste sie jedoch einem 238 m langen Betonbau weichen. Dieser hat natürlich nichts von der grazilen Form der einstigen Stahlfachwerkbrücke. Allerdings liegt auch er in einer Steigung von 25 ‰. Manchen dürften die mächtigen, gemauerten Pfeiler der alten Stahlbrücke mit einer Stützweite von 80 m leicht überdimensioniert vorgekommen sein. Doch die gewaltigen Hochwasser des Rheins in der zweiten Hälfte des 19. Jahrhunderts ließen die Verantwortlichen solcherlei Vorsichtsmaßnahmen ergreifen. Während ihrer Nutzungszeit von 1903 bis 1993 dürfte die Hinterrheinbrücke von ca. 11 Mio. Zügen befahren worden sein. Nach dem Abbruch ergab eine wissenschaftliche Untersuchung der Bauteile, dass die Brücke bei guter Wartung noch viele Jahre gehalten hätte.

Eine andere herrliche Stahlkonstruktion findet sich dagegen auch heute noch bei Reichenau-Tamins, am Zusammenfluss des Vorder- und Hinterrheins. Die filigran wirkende Stahlfachwerkbrücke ist 151 m lang und wird in absehbarer Zukunft noch von vielen Albulazügen und solchen, die aus der Surselva, also von und nach Disentis/Mustér, herbeirollen, überquert.

In der Rheinschlucht und auf der Strecke bis Disentis, einem Endpunkt des RhB-Netzes, sind sowohl Stahl- als auch gemauerte Brücken zu beobachten. So fallen das Viadukt bei Tavenassa und das mächtige Russeinertobelviadukt besonders ins Auge. Letztgenanntes, kurz vor Disentis gelegen, ist 105 m lang und respektable 57 m hoch. Es verläuft in einem relativ großen Bogen von 200 m. Direkt hinter dem Viadukt liegen, wie auch bei der Solisbrücke, die alte und neue Straßenbrücke.

Auf dem sich anschließenden Netz der MGB dominieren Brücken aus gemauertem Stein. Besonders bemerkenswert ist neben dem Viadukt über das Val Bugnei (110 m lang) noch die Brücke bei Grengiols. Diese liegt in einem klassischen Neigungswechsel mit Übergang von Adhäsions- auf Zahnstangenbetrieb. Deshalb rollen die Züge auch so deutlich langsam über das Bauwerk, welches mit einer Höhe von 31 m und einer Länge von 106 m nicht das höchste der MGB darstellt. Das wiederum kann die Mühlebachbrücke hinter Stalden mit einer Höhe von 45 m von sich behaupten. Sie ist eine der mächtigen Betonbrücken, die im Streckenabschnitt Brig/Visp–Zermatt die Stahlgitterbrücken ersetzten, welche den immer länger und schwerer werdenden Zügen nicht mehr gewachsen waren.

Alle Brücken entlang der Strecke werden ständig von fachkundigen Mitarbeitern der Betreibergesellschaften MGB und RhB überwacht. Laufend sind außerdem Erhaltungsmaßnahmen im Gange, von denen der Fahrgast in der Regel allerdings wenig bis gar nichts mitbekommt.

Weitere Infos zum Thema Brückenbau unter:
→ www.rhbweb.de/historic.htm

FACHBEGRIFFE

Bauhöhe Die B. definiert den Abstand zwischen Unterkante der Brückenkonstruktion und Schienenoberkante.

Brückenlänge Als B. bezeichnet man die Länge des Trägers.

Brückenprobe Die B. dient nicht der Überprüfung der Tragfestigkeit der Brücke, sondern der exakten Messung der Durchbiegung und anderer Werte bei Belastung. Dies ist notwendig, weil die tatsächlichen Werte wegen kleinerer Ungenauigkeiten während der Bauarbeiten geringfügig von den theoretischen abweichen.

Fischbauchträgerbrücke Die F. ist eine Stahlfachwerkbrücke mit unterhalb der Fahrbahn liegendem Träger. Der Bogen besteht aus zwischen den Knoten gerade verlaufenden Stäben, was die F. von der Stabbogenbrücke unterscheidet.

Massivbrücke Oberbegriff für Brücken aus Stein, Stampfbeton oder Stahlbeton.

Stabbogenbrücke Ein Bogen hat physikalisch eine größere Tragfähigkeit als ein Balken. Deshalb kombiniert man den waagerecht verlaufenden Untergurt mit einem parabelförmigen Obergurt zur S.

Stahlfachwerkbrücke Die Tragfähigkeit einer Brücke hängt auch von der Systemhöhe des Tragwerkes ab. Vollwandige Träger sind bis 1,5 m Höhe technisch realisierbar und ästhetisch vertretbar. Deswegen werden die Wände zu einem Fachwerk aufgelöst.

Stützweite Als S. bezeichnet man den Abstand zwischen den Widerlagern der Brücke.

Widerlager Um Längenänderungen bei unterschiedlichen Temperaturen zu ermöglichen, ruhen Brückenträger auf W. Feste W. nehmen senkrechte und waagerechte Kräfte auf.

Chur – das Zentrum Graubündens

Im alten Stadtkern von Chur lässt es sich ausgiebig bummeln. Es locken Buchläden und Restaurants.

Chur, die malerische Hauptstadt Graubündens, kann auf eine lange Geschichte zurückblicken, die bis weit in vorrömische Zeit reicht.

Chur

→ S. 120, C 9

35 000 Einwohner
Stadtplan → S. 54

Der Ort Chur liegt auf einer Höhe von 585 m ü. M. Die Geschichte der Stadt kann bis in die Zeit der Römer zurückverfolgt werden. Als diese Rätien im Jahr 15 v. Chr. erobert hatten, wurde Chur der Hauptort der Raetia prima, des südlichen Teils der neuen Provinz. Im Jahr 284 n. Chr. stand sie im Rang einer Provinzhauptstadt. Die Geschichte des Ortes reicht allerdings noch viel weiter zurück, was sicher auf die günstige Lage am Zusammenfluss von Plessur und Rhein zurückzuführen ist. Ausgrabungsfunde deuten auf eine 5000 Jahre alte Siedlungsgeschichte hin. Der Name der Stadt kann einerseits vom keltischen »kora« oder »koria« (»Stamm« oder »Sippe«) abgeleitet werden, aber auch vom lateinischen Begriff »curia« (»Sitz des Rates/Rathaus«). Im Rätoromanischen heißt die Stadt »Cuera«.

Seit dem Jahr 450 ist Chur Bischofssitz. 1524 hielt die Reformation Einzug in Chur. Der katholische Bischofssitz blieb bestehen. Allerdings begann die weltliche Macht des Bischofs bereits zu schwinden, als die Churer Bürger immer selbstbewusster wurden, was sich dadurch äußerte, dass sie sich 1465 in verschiedenen Handwerkszünften zusammenschlossen. 1524 kam es zur Gründung des Freistaates der Drei Bünde, der mit seinem föderalistischen Staatswesen die kirchliche Oberhoheit endgültig von der weltlichen trennte. Das spätere Graubünden trat 1803 der Schweizerischen Eidgenossenschaft bei und erklärte Chur 1820 zu seiner Hauptstadt.

Der Bahnreisende genießt den Vorteil, gleich im Herzen der Stadt anzukommen. Während Autofahrer als Erstes den Neubaugürtel der Stadt wahrnehmen, steht man als Bahnfahrer nach Verlassen des Zugs ruckzuck auf der Bahnhofstraße. Diese führt mitten in die Altstadt, die sich in südlicher Richtung bis zum Ufer der Plessur erstreckt und mit prächtigen alten Bürgerhäusern glänzt.

Im Bahnhof von Chur enden die Linien der Schweizerischen Bundesbahn (SBB) und beginnen die der Rhätischen Bahn, etwa die nach Arosa. Hier kann auch in zahlreiche Postbus-Linien umgestiegen werden. Die Verwaltung der RhB hat ihren Sitz in der Bahnhofstraße.

Das Bahnhofsareal besticht durch die gelungene Synthese aus modernen und historischen Stilelementen. Neben dem alten Empfangsgebäude kann es mit einer riesigen, elegant geschwungenen Bahnsteigüberdachung aus Glas aufwarten.

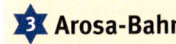

MERIAN-Tipp

3 Arosa-Bahn

Die 1914 eröffnete, 26 km lange Schmalspurbahn von Chur nach Arosa (ChA) wurde von Beginn an elektrisch betrieben, anfangs mit 2000 V, später 2400 V Gleichstrom. Ab 1942 gehörte sie der RhB. In den Neunzigerjahren erfolgte mit der allgemeinen Sanierung die Anpassung an das RhB-Wechselstromnetz mit 11 kV/16,7 Hz. Seit 1997 fährt einmal täglich am frühen Vormittag der Arosa-Express, mit dem es sich bequem vom Bahnhof Chur aus zum gleichnamigen Wander- und Wintersportzentrum (1739 m ü. M.) hinaufreisen lässt. Der Zug folgt dem Flusslauf der Plessur durch das malerische Schanfigg-Tal und meistert dabei eine maximale Steigung von 60 ‰ (60 m auf 1 km). Das bekannteste Bauwerk wird kurz hinter der Station Peist befahren: das 62 m hohe und 287 m lange Langwieser Viadukt, eine Eisenbeton-Konstruktion, die zu ihrer Entstehungszeit eine technische Sensation war. → S. 120/121, C/D 9

Hotels

ABC Terminus garni S. 54, a 2

Dieses 4-Sterne-Haus mit seiner Spiegelglasfassade empfiehlt sich Bahnreisenden wegen seiner Lage. Direkt am Bahnhofsplatz bietet es moderne komfortable Zimmer, die mit Buchenholzmöbeln funktionell ausgestattet sind. Mit reichlichem Frühstücksbuffet.

Bahnhofplatz/Ottostraße 8; Tel. 0 81/252 60 33, Fax 0 81/252 55 24; www.hotelabc.ch; 36 Zimmer ●● CREDIT
Aufpreis 10 CHF/Tag

Stern S. 54, b 2/3

Als Romantik-Hotel geführtes 3-Sterne-Haus. Es liegt zentral in der Altstadt und dennoch ruhig. Im Hauptgebäude befinden sich rustikale, mit

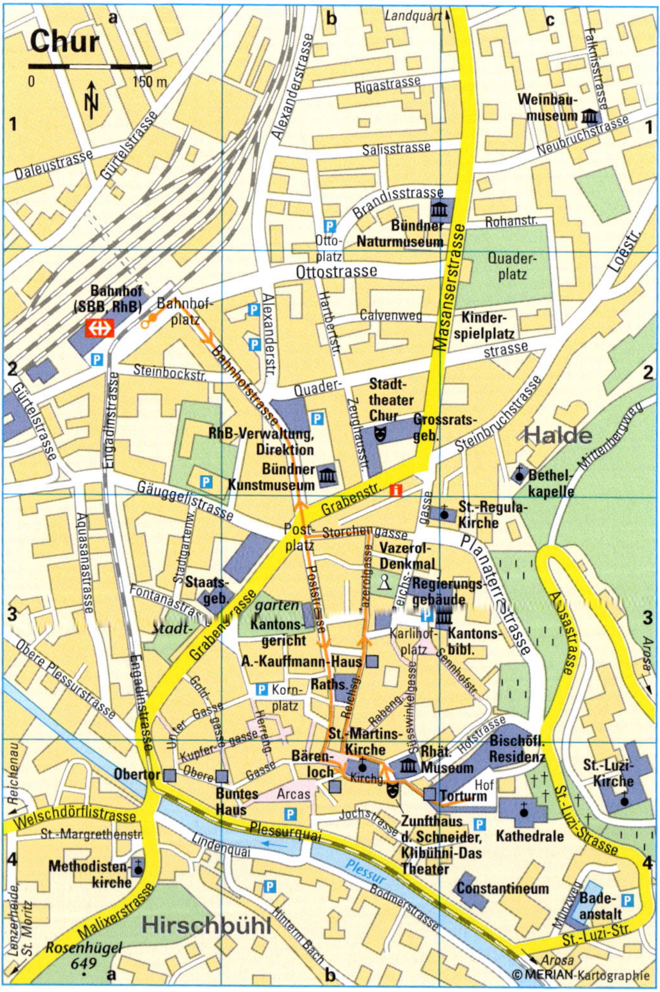

Kiefernholz getäfelte Zimmer, auch für Nichtraucher. Feine Speisen werden im empfehlenswerten Restaurant, dem ehemaligen Sitzungssaal der Freimaurerloge, serviert.
Reichsgasse 11;
Tel. 0 81/258 57 57, Fax 0 81/258 57 58;
www.stern-chur.ch; 64 Zimmer ●● CREDIT

Spaziergang

Nach Verlassen des Bahnhofs steht zunächst die Überquerung der Ottostraße an, um in die Bahnhofstraße zu gelangen, die in südöstlicher Richtung ins Stadtzentrum führt. Wer auf der linken Straßenseite läuft, kommt etwa auf halbem Weg an der Direktion der Rhätischen Bahn vorbei; der Blick fällt durch ein schmiedeeisernes Tor auf ein stattliches Gebäude inmitten eines großen Gartens. Auf derselben Seite folgt kurz darauf das **Bündner Kunstmuseum**. Hier endet die Bahnhofstraße am verkehrsreichen Postplatz. Bislang hat der Spaziergang etwa zehn Minuten gedauert. Sobald die Fußgängerampel grünes Licht zeigt, schlendert man auf der anderen Seite des Platzes weiter in die Poststraße, wo der verkehrsberuhigte Bereich beginnt. Hier sind die Straßen und Gassen kopfsteingepflastert und die alten Bürgerhäuser schmalbrüstig und spitzgiebelig. Oft sind deren Fassaden mit kunstvollen Wandmalereien verziert. Buchläden, Boutiquen und Straßencafés laden zum Verweilen ein. Nach etwa fünfminütigem Fußmarsch immer geradeaus und schließlich nach links gelangt der Fußgänger zur St.-Martins-Kirche. Der sakrale Bau stammt aus dem Jahr 1491 und repräsentiert einen spätgotischen Baustil. Weiter geht es rechts hinter dem Gotteshaus vorbei in die Kirchgasse. Rechter Hand erblickt man, durch eine Tafel kenntlich gemacht, das ehemalige Zunfthaus der Schneider, erkennbar auch am Erker, wo ein entsprechendes Emblem auf die Handwerker hinweist. Heute ist in dem altehrwürdigen

Sehenswerte alte Bürgerhäuser säumen die Poststraße in Chur.

Gebäude die »Klibühni« untergebracht, ein kleines Theater, das insbesondere jungen Autoren und Bühnenschauspielern eine Chance bietet, mit Aufführungen vor Publikum ihr Können unter Beweis zu stellen.

Beim Weitergehen erspäht man schon halbrechts die Treppen, die zur **Kathedrale** hinaufführen. Durch den Torturm betritt man einen großen Platz, an dessen gegenüberliegendem Ende sich die Kathedrale befindet. Erweist sich schon der Platz als Ort der Ruhe, so ist es das dunkle Innere der Kathedrale erst recht. Wieder ans Tageslicht hinausgetreten, geht es erneut durch den Turm hindurch, die Treppen hinab und links wieder zurück in die Kirchgasse. Wer nach rechts ein kleines Stück in die Hofstraße läuft, findet im Haus Nr. 1 das **Rhätische Museum**. Auf der Kirchgasse führt der Spaziergang wieder zur St.-Martins-Kirche. An ihr geht es nun rechts vorbei und dann nochmals rechts in die Reichsgasse. Dort im Haus Nr. 57 kam einst die

Die 400 Jahre alte Weinkellerei wurde in ein Weinbau-Museum umgewandelt. Als besondere Sehenswürdigkeit ist die 14,5 Meter lange Traubenpresse zu bewundern.

berühmte Malerin Angelica Kauffmann (1741–1807) zur Welt. Schräg gegenüber liegt das **Rathaus** aus dem Jahre 1464, ein stolzer Bau, der einst das Selbstbewusstsein eines erstarkenden Bürgertums verkörperte.

Folgt man der Reichsgasse in nördlicher Richtung weiter, gelangt man in die Vazerolgasse. Rechter Hand erstreckt sich eine Grünanlage mit dem Vazerol-Denkmal von 1881 als Mittelpunkt. Es erinnert an die Vereinigung der Drei Bünde. Wer nach rechts durch die Anlage hindurchgeht, gelangt zum Sitz der Kantonalregierung.

Die Vazerolgasse stößt auf die Storchengasse. Hier heißt es links einbiegen, bis zum Postplatz gehen, diesen überqueren und über die Bahnhofstraße wieder zurück zum Ausgangspunkt.

Dauer: ca. 2 Std.

Sehenswertes

Kathedrale

→ S. 54, c 4

Der Kirchenbau entstand im 12./13. Jh. als dreischiffige romanisch-gotische Pfeilerbasilika mit romanischem Rundbogenportal an der Westfassade. Die Grundmauern ruhen auf den Resten der Vorgängerkirchen aus dem 5. und 8. Jh. Im Chor findet sich ein spätgotischer Flügelaltar, der die Gottesmutter in einem Schrein zeigt, flankiert von verschiedenen Heiligenfiguren. Das linke Seitenschiff birgt das Grabmal des Bündner Freiheitskämpfers Georg Jenatsch (1596–1639), der mit Hilfe der Franzosen unter Herzog von Rohan die spanisch-österreichischen Besatzer vertrieb.

Rathaus

→ S. 54, b 3

Das hohe Gebäude von 1464 zeugt vom Selbstbewusstsein des Churer Bürgertums. An der Eingangstür ist das Stadtwappen zu sehen. Daneben erblickt man ein Stück Eisen im Mauerwerk, den »Churer Normal-Schuh«. Diese Maßeinheit war der Vorläufer des metrischen Systems, das hier im Jahre 1874 eingeführt wurde. Die Rathaushalle diente in früheren Zeiten als überdachte Markthalle.

Museen

Bündner Kunstmuseum → S. 54, b 2
In den Räumen einer neoklassizistischen Villa, die der Kaufmann Jacques Ambrosius von Planta 1874 bis 1876 errichten ließ, ist das Bündner Kunstmuseum untergebracht. Hier sind Werke von Angelica Kauffmann, Giovanni Segantini, Ferdinand Hodler, Ernst Luwig Kirchner, der Giacomettis und weiterer moderner Bündner Maler zu sehen.
Postplatz; Tel. 0 81/257 28 68; www.buendner-kunstmuseum.ch; tgl. außer Mo 10–17 Uhr; Erw. 12 CHF, Kinder unter 16 J. frei; Schüler/Stud. 10 CHF

Rhätisches Museum → S. 54, b 4
Hier werden ur- und frühgeschichtliche Funde aus dem Bündner Land sowie interessante kulturgeschichtliche und volkskundliche Objekte ausgestellt. Zu sehen sind etwa Waffen, diverse Möbel, Hausrat, Trachten, Schlitten u.v.m.
Hofstraße 1; Tel. 0 81/2 54 16 20; www.rm.gr.ch; tgl. außer Mo 10–17; Erw. 6 CHF, Kinder unter 16 J. gratis, Schüler/Stud. 4 CHF

Weinbau-Museum → S. 54, c 1
In der 400 Jahre alten ehemaligen Weinkellerei erfährt der Besucher viel Interessantes zur Weinbautradition in Chur und seiner Umgebung. Diese wurde bereits von den Römern eingeführt. Ein besonders sehenswertes Exponat des Museums ist die 14,5 m lange Traubenpresse.
Reichsgasse 11; Tel. (Hotel Stern) 0 81/258 57 57; geöffnet nach Vereinbarung; 2,50 CHF/Person

Essen und Trinken

Basilic → S. 54, südl. b 4
Dieses moderne Restaurant bietet eine vielfältige Speisekarte und eine herrliche Aussicht auf die Stadt.
Susenbühlstraße 43; Tel. 0 81/252 35 05, Fax 0 81/252 16 51; im April und Juli Betriebsferien, Mo mittags und So geschl. ●●● CREDIT

Duc de Rohan → S. 54, c 1
Hotel mit gemütlichem Bündner Restaurant und Gartenterrasse. Ein Besuch des Restaurants lässt sich gut mit einem Ausflug zum Weinmuseum verbinden.
Masanser Straße 44; Tel. 0 81/22 10 22; So geschl. ●●● CREDIT

Obelisco → S. 54, b 3
Das Besondere an diesem italienischen Spezialitäten-Restaurant ist der große Grill, der einen zentralen Blickfang bildet.
Vazerolgasse 12; Tel. 0 81/252 58 58; im Aug. Betriebsferien ●● CREDIT

Einkaufen

Buchhandlung Strub → S. 54, b 3
Beim Stadtspaziergang empfiehlt sich ein Zwischenstopp in der gut sortierten Buchhandlung Strub.
Poststraße 22 (Fußgängerzone); Tel. 0 81/353 23 53, Fax 0 81/253 30 50

Vinothek Markus Thöni → S. 54, b 3
Erlesene Weine aus Graubünden (auch als Mitbringsel geeignet) lassen sich in der Vinothek von Markus Thöni im Herzen der Altstadt finden.
Reichsgasse 61; Tel./Fax 0 81/322 98 21

Service

Chur-Tourismus → S. 54, b 2/3
Informationszentrum am Bahnhof; Tel. 0 81/2 52 18 18; www.churtourismus.ch

Taxi für Ausflüge in Chur → S. 54, a 4
Taxi Rosamilia: Lindenquai 4; Tel. 0 81/252 15 22 (24 Std. besetzt)

Von Chur nach Disentis

Der Glacier Express passiert die grandiose Vorderrhein-Schlucht und geschichtsträchtige Ortschaften.

Zwischen Ilanz und Disentis durchfährt der Glacier Express das grüne Tal des Vorderrheins, einem der Quellflüsse des Rheins.

Naturerlebnis
Ab Chur erwartet den Reisenden eine interessante Fahrt durch das Quellgebiet des Rheins.

Die gesamte Route des Glacier Express bietet viele Naturschönheiten. Auf diesem Abschnitt von Chur nach Disentis begibt sich der Reisende ins landschaftlich reizvolle Quellgebiet des Rheins.

Nach der Ausfahrt aus Chur strebt der Zug im breiten Rheintal bei Domat/Ems am größten Industriebetrieb Graubündens vorbei, den Emser Chemiewerken. Der Blick aus dem Zugfenster auf die Strecke löst Verwunderung aus: Hier liegen wahrhaftig drei Gleise! Warum? – Der Abschnitt Chur–Reichenau–Tamins ist zweigleisig ausgebaut und gehört zum meterspurigen RhB-Netz. Die dritte, normalspurige Schiene zwischen Chur und der Station Ems-Werk macht es möglich, dass regelspurige Güterwagen direkt zum Chemiewerk gefahren werden können.

5 Hinter Reichenau-Tamins nimmt die Bahn Kurs auf die Vorderrhein-Schlucht, den »Grand Canyon« der Schweiz, rätoromanisch »Rinaulta« genannt. Wenige

Minuten später ist das Tal mit seinen steilen Felsabbrüchen erreicht. Helles Gestein säumt das Flussbett und die Bahnstrecke. Je weiter der Zug in die Schlucht einfährt, desto bizarrer werden die Gesteinsformationen. Am besten wendet man den Blick nach rechts aus dem Fenster, da zu den Fahrzeiten des Glacier Express in der Regel die südwärts ausgerichteten Hänge ausgeleuchtet sind. Erst am Nachmittag schickt die Sonne ihre Strahlen auch auf die andere Uferseite.

Entstanden ist die Rheinschlucht durch einen späteiszeitlichen Bergsturz. Als das Gletschereis zurückwich, ließ auch der Druck auf das umgebende Gestein nach. Der Fels geriet in Bewegung, und es kam zu mehreren Bergstürzen. Sie hinterließen riesige Geröllmassen, durch die sich der Vorderrhein allmählich seinen Weg grub. Dabei schuf er eine außergewöhnliche, etwa 15 km lange Flusslandschaft.

Bizarre Felsen
Durch einen späteiszeitlichen Bergsturz ist die Rheinschlucht, ein faszinierendes Naturdenkmal, entstanden.

Dieses faszinierende Naturdenkmal kann auch auf gut markierten Wegen erkundet werden. Dazu sollte man mit einem Regionalzug bis zur Station Versam-Safien fahren. Zwischen Versam und Valendas (Bahnstation Valendas-Sagogn) lässt sich die Schlucht in etwa 1,5 Std. flussaufwärts erwandern. Ein anderer ungefähr 20-minütiger Fußmarsch führt flussabwärts zur Chrumwag. Auf den genannten Wegen ergeben sich herrliche Ausblicke auf die Felsen, den Fluss und die Bahn.

Bündner Rütli

Nachdem der Glacier Express die Schlucht durchfahren hat, wird zunächst Ilanz (698 m ü. M.) passiert. Der 2300 Einwohner zählende Ort bezeichnet sich als die »erste Stadt am Rhein«. Urkundlich als Marktflecken erwähnt wurde Ilanz erstmals im Jahr 1289. Wer durch die alten Gassen mit den stattlichen Bürgerhäusern aus dem 17. Jh. bummelt, stößt hier und da noch auf Reste der alten Stadtmauer.

Etwa 20 Minuten später zieht an der rechten Seite das Dörfchen Trun (852 m ü. M.) mit der Pfarrkirche St. Martin am Zugfenster vorüber. Dieser Ort gehört zu den geschichtsträchtigsten in Graubünden. Hier befindet sich der »Bündner Rütli«, eine Wiese mit einem Ahornbaum, auf der sich 1424 der »Graue Bund« zum Kampf gegen die adeligen Unterdrücker zusammengeschlossen hat. Heute liegt dieser Platz an der St.-Anna-Kapelle (1704) oberhalb des Bahnhofs. Ab Trun verengt sich das Tal etwas. Eine Viertelstunde später, kurz vor Disentis, der Endstation der RhB, weitet es sich wieder.

Ort mit Geschichte
Trun war 1424 Schauplatz des Kampfes zwischen dem Grauen Bund und den adeligen Unterdrückern. Der Graue Bund entstand durch den Zusammenschluss von 21 Gerichtsgemeinden des Vorder- und Hinterrheintals.

Quellgebiet der großen Flüsse

Rhône und Rhein entspringen beide im Gotthard-Gebiet. Hier kreuzen sich bedeutende Alpenwege.

Das Gotthardmassiv ist ein Kernstück des Alpenbogens. Wie ein mächtiger Dreh- und Angelpunkt weist es den hier entspringenden Flüssen verschiedene Fließrichtungen zu. Die Bedeutung dieser Region geht sogar weiter: Als Quellgebiet nährt es mit seinen Wassern sämtliche Meere rings um Europa. Die Morphologie der Alpenketten macht dies nachvollziehbar.

Der Gotthard teilt den schweizerischen Alpenbogen in einen westlichen und einen östlichen Flügel. Gen Westen zweigen zwei Hauptketten ab: die Berner und die Walliser Alpen. Beide überragen die 4000-m-Marke. Hier finden sich so berühmte Bergriesen wie das Finsteraarhorn mit 4274 m in den Berner und die Dufourspitze mit 4634 m im Monte-Rosa-Massiv der Walliser Alpen.

Östlich vom Gotthard liegen, nahezu symmetrisch zum Westflügel, die Kette der Glarner sowie der Tessiner und Rätischen Alpen. Zu den höchsten Gipfeln gehören hier der Tödi mit 3623 m (Glarner Alpen) und die gletscherreiche Gruppe um den 4049 m hohen Piz Bernina (Rätische Alpen).

Während die beiden westlichen Ketten in der Hauptsache ein großes, geräumiges Tal einrahmen, das Flusstal der Rhône, zeigt die östliche Seite ein eher verzweigtes Netz an Tälern bzw. Wasserläufen, die zwischen den Alpenketten zusammenfließen. Sie speisen den Vorder- und Hinterrhein, auch den Inn, der wiederum der Donau zueilt. Dieser Fluss findet sein Ziel im Schwarzen Meer. Der Rhein strebt der Nordsee zu, während sich die Rhône und der südlich des Gotthards abfließende Ticino (als Nebenfluss des Po) letztlich ins Mittelmeer ergießen.

Nach Norden schickt der Gotthard ebenfalls einen bedeutenden Wasserlauf, die Reuss. Deren Flusstal diente immer schon als Zugang zum Gotthardpass. Auch die Eisenbahn und der Straßenverkehr nutzen bekanntermaßen diese Route für ihre Rampenfahrt zum Alpenübergang. Auf der Südseite ist es der Ticino,

der mit seinem Flusstal den Weg hinab zu den großen Städten der Lombardei weist.

Die natürlichen Wege, welche Vorder- und Hinterrhein sowie die Rhône/Rotten mit ihren Tälern geschaffen haben, sind mit dem Bau von Eisenbahnen und Straßen ebenfalls zu wichtigen Alpentransitlinien geworden. Die Schienen zum Oberalp- bzw. Furkapass erschlossen einst eine Ost-West-Passage durch schwer zugängliches Gebiet.

Angesichts der mit immensem technischen Aufwand betriebenen Arbeiten am gewaltigen, 57 km langen Gotthard-Basistunnel für die Eisenbahn scheint die Bedeutung der Alpentäler ein wenig in den Hintergrund zu rücken. Nicht dort, wo die Bergriesen scheinbar gnädig eine Lücke gelassen haben, gelingt die Überwindung der Alpen, sondern dort, wo sich der Mensch mithilfe modernster Technik einen Durchgang erzwingt. Doch die Natur weiß auch hier, den Menschen immer wieder »Steine in den Weg« zu legen. War die Eröffnung der Tunnelröhren zuerst für das Jahr 2011 geplant gewesen, so spricht man heute von 2015. Die geologischen Verhältnisse im Inneren der Berge halten eben immer wieder einige Überraschungen parat, die das Vorankommen der Bohrarbeiten im Berg kurzfristig stoppen können. Daran hat sich seit dem Bau der ersten Eisenbahntunnels in den Alpen nicht viel geändert.

Die Alpen sind, geologisch betrachtet, ein Faltengebirge. Wo sie sich heute türmen, kräuselten sich einst die Wellen des urzeitlichen Tethys-Meeres. Die Auffaltung des Alpenbogens setzte gegen Ende des Erdmittelzeitalters (Mesozoikum, vor ca. 248 – 65 Mio. Jahren) ein, als die afrikanische Kontinentalplatte gegen die europäische zu driften begann. Dabei wurden die Sedimente, die den Grund des Tethys-Urmeeres bildeten, zusammengequetscht und mit den tiefer liegenden Gesteinsschichten, wie Granit und Gneis, zum Gebirge aufgefaltet, teils auch übereinander geschoben. Daher kommt es immer wieder vor, dass die Tunnelbautrupps im Gotthardmassiv plötzlich auf Schichten des weichen Sedimentgesteins stoßen, was sofortige, umfangreiche Abstützmaßnahmen nötig macht und ein Weiterbohren nur mit größter Vorsicht erlaubt. Es sind solche unvorhersehbaren Vorkommnisse, die den Tunnelbau auch heute noch relativ gefährlich und unberechenbar

Beeindruckend sind die steilen Felsabbrüche der Rheinschlucht bei Versam im Kanton Graubünden.

Den Zusammenfluss des Vorder- und Hinterrheins, der beiden Quellflüsse des Rheins, bei Reichenau-Tamins überspannt eine sehenswerte Stahlfachwerkbrücke. Das filigran wirkende Bauwerk weist eine Länge von 151 Metern auf.

machen. Trotz ausgefeilter technischer Hilfsmittel kann der Mensch nicht verhindern, dass die Berge in ihrem Inneren immer wieder mit Überraschungen aufwarten.

Die Gebirgsketten der Alpen erhoben sich in mehreren Phasen. Ihre markanten und unverwechselbaren Gipfelformationen sind das Werk von Wind und Wetter, herausgemeißelt in einem langwierigen Erosionsprozess. Damit die schweizerische Landschaft das heutige Aussehen erlangen konnte, musste noch die Eiszeit formend eingreifen. Sie begann vor rund 1,5 Mio. Jahren und endete vor etwa 10 000 Jahren. Infolge großer Klimaschwankungen flossen in dieser erdgeschichtlichen Epoche immer wieder riesige Gletscherströme von den Gipfeln hinunter ins Voralpenland. An den Spuren des Gletscherschliffs können Geologen heute den oberen Rand früherer Eisdecken erkennen. Die darüber hinausragenden Gipfelregionen waren der Verwitterung durch Dauerfrost ausgesetzt.

Bei ihrem Rückzug in die hochalpinen Zonen ließen die Gletscher ihr Geschiebe, dicke Schotter- und Geröllbänke, in den Tälern zurück. Hier setzten nun die Bäche und Flüsse zur Gestaltungsarbeit an. Stückchen für Stückchen gruben sie ihr Bett in das Gestein, manchmal so hartnäckig, dass tiefe v-förmige Einschnitte in den bis dahin trogförmigen Talbecken entstanden. In den Schweizer Gebirgstälern der Zentralalpen finden sich viele Beispiele für derartige Landschaftsformen, die durch die Kraft des strömenden Wassers geschaffen wurden: Hinter Tiefencastel ist es die Albulaschlucht, die von der Eisenbahn auf der Solisbrücke in atemberaubender Höhe überwunden wird. Als weitere Beispiele können die Rheinschlucht (Vorderrhein), die Via Mala (Hinterrhein) oder die tief eingeschnittenen Flusstäler der Saaser und Visper Matter dienen.

Quell- und Mündungsgebiet eines Flusses bilden in landschaftlicher Hinsicht meist einen sehr starken Kontrast. So entspringen die großen Alpenflüsse Rhône und Rhein in hochalpinen Lagen, steigen ab zu flachen Gefilden und finden schließlich zum Meer.

Die Rhône/Rotten entsteht aus dem gleichnamigen großen Gletscher im Furka-Gebiet. In dieser kahlen Gebirgsregion sieht man sie zunächst als quirligen Gebirgsbach munter bergab plätschern. Doch bei dieser Niedlichkeit bleibt es nicht lange. Auf ihrem Weg durch das Goms nährt die Rotten, wie die Rhône bis zur

deutsch-französischen Sprachgrenze bei Sitten genannt wird, ihren Lauf mit den Wassern etlicher Gebirgsbäche, so dass sie bei Brig bereits als ordentlicher Fluss dahinrauscht. Dank weiterer Zuflüsse stetig wachsend, kommt die Rhône westlich von Villeneuve am Genfer See an. Diesen durchfließt sie, tritt bei Genf wieder hinaus und erreicht französisches Gebiet, um dann durch den Jura-Durchbruch in die Rhône-Saône-Senke zu gelangen. Bei Lyon biegt sie nach Süden ab und bildet südlich von Arles ein Delta aus. Diese sehr urwüchsige Flusslandschaft, die Camargue, ist berühmt für ihre weißen Pferde, die hier in frei lebenden Herden gehalten werden. Von der Gletscherquelle bis zur Mündung ins Mittelmeer misst der Lauf der Rhône 812 km. Ab Lyon wird der Fluss intensiv als Binnenschifffahrtsweg genutzt.

Beim Rhein verhält es sich in puncto Quelle oder Ursprung nicht ganz so eindeutig wie bei der Rhône. Der Fluss wird erst ab Reichenau-Tamins als Rhein bezeichnet, denn hier fließen der Vorderrhein und der Hinterrhein zusammen. Ersterer entspringt im kleinen Toma-See (Laj da Tuma) südlich des Oberalppasses. Letzterer hat seinen Ursprung westlich des San-Bernardino-Passes im Rheinwaldgletscher beim Adula-Massiv. Nach der Vereinigung beider Quellflüsse hält der Rhein einen nördlichen Kurs bis zum Bodensee, den er durchfließt und bei Stein a. Rhein wieder verlässt. Sein Weg verläuft nun über Schaffhausen (Rhein-Fall) nach Basel, wo er nach Norden abbiegt und fortan als längster Fluss Deutschlands seinem niederländischen Mündungsgebiet bei Rotterdam entgegenstrebt. Der 883 km lange schiffbare Abschnitt des insgesamt 1320 km langen Flusses zählt zu den wichtigsten Wasserstraßen Europas.

Einst befuhren Flößer die Gebirgsflüsse und überwanden Säumer die Alpenpässe auf Schusters Rappen. Ihre Unternehmungen waren stets risikoreich. Reißende Fluten, Steinschlag oder ein plötzlich einsetzender Wetterumschwung bedrohten Leib und Leben. Für die Mehrzahl der Alpenbewohner blieben die Berge für lange Zeit unüberwindbare Hindernisse. Kaum jemand kam weiter als in das Nachbartal. Straßen und Schienen brachten eine größere Freizügigkeit.

Die Quellgebiete und Täler der großen Flüsse haben seit dem 18. Jh. viele Dichter und Maler angelockt. Sie ließen sich von den Naturschönheiten inspirieren. So ist bekannt, dass auch Johann Wolfgang Goethe eine Zeit lang im Goms weilte (→ S. 77). Die Werke der Künstler lösten eine romantische Alpenbegeisterung aus. Doch die einheimische Bevölkerung hatte ein anderes Verhältnis zur Bergwelt. Geprägt vom täglichen Überlebenskampf, fürchtete sie sich vor den Mächten der Natur. Der Glaube an böse Geister in den wilden Schluchten und Wäldern ließ Märchen und Sagen entstehen.

Weitere Infos zum Thema
Natur und Mensch in den Alpen:
→ www.nfp48.ch
→ www.cultura.at/haid/

Disentis – Endpunkt der RhB

In Disentis können große und kleine Eisenbahnfreunde einen kurzweiligen Urlaub verbringen.

Weithin sichtbar liegt das Benediktinerkloster von Disentis, das bereits um 750 gegründet wurde, am oberen Ortsrand. Die Klosterkirche, 1704 vollendet, birgt einige sehenswerte Schätze wie beispielsweise den Michaelsaltar von 1572.

Disentis

→ S. 119, D 6

2300 Einwohner

In Disentis ist ein etwa zehn- bis 15-minütiger Betriebshalt nötig, da die Lokomotive gewechselt werden muss. Die RhB-Lok macht nun einer »Bergsteigerin« der MGB Platz, die mit ihrem Zahnradantrieb die Furka- und Oberalplinie meistern wird.

Das Benediktinerkloster von Disentis erstreckt sich weithin sichtbar rechts am oberen Ortsrand. Wenn man aus dem rechten Zugfenster schaut, kann man das Kloster vor der Einfahrt in den Bahnhof erblicken. Am Bahnsteig selbst versperrt leider eine moderne Überdachung den Blick auf das Bauwerk.

Disentis, rätoromanisch Mustér genannt, liegt in einer Höhe von 1130 m ü. M. Ab Chur hat der Glacier Express also schon 545 Höhenmeter überwunden. Der hübsche Ort lohnt für eine separate Anreise, da er mit ruhigen kleinen Hotels und gemütlichen Gasthäusern aufwarten kann. Seine Lage ist durch den Schnittpunkt zweier Passwege markiert: die Route zum Oberalppass, der auch die Eisenbahn folgt, sowie die Straße durch das Val Medel zum Lukmanier (1916 m ü. M.).

Die Benediktinerabtei wurde um 750 gegründet. Sie geht auf eine Einsiedelei zurück, in der ein fränkischer Mönch namens Sigisbert lebte. Er war um 700 in die Gegend gekommen. Der rätoromanische Name Mustér (von »Monasterion«) bezieht sich auf diese Mönchszelle. Später erlangten die Fürstäbte des Klosters Disentis einen großen politischen Einfluss. So verwundert es nicht, dass sie auch maßgeblich an der Gründung des »Grauen Bundes« beteiligt waren. Wer sich für sakrale Baukunst interessiert, sollte sich unbedingt die Klosterkirche ansehen, die im Jahr 1704 vollendet wurde. Zu ihren Stilmerkmalen gehören die barocke Pfeilerhalle mit umlaufenden Emporen und eine Doppelturmfassade. Das Innere des Kirchenbaus birgt eine kostbare Ausstattung, so beispielsweise in der dritten Seitenkapelle rechts. Hier kann der Michaelsaltar von 1572 bestaunt werden, eines der besten Werke der Frührenaissance in der Schweiz. Heute beherbergt das Kloster Disentis eine Mittelschule für Jungen und Mädchen. Es werden hier insgesamt etwa 200 Schülerinnen und Schüler unterrichtet.

MERIAN-Tipp

4 Bahnhof Disentis

In den Ferienmonaten Juli und August werden im Rahmen des Sommerprogramms für Familien unter dem Slogan »Bialas Vacanzas« (schöne Ferien) einmal pro Woche Führungen durch den Bahnhof Disentis angeboten. Bei dieser Veranstaltung, die primär für Familien mit Kindern gedacht ist, können das Stellwerk, die Lokremise, der Ticketschalter und andere Bereiche des Bahnhofs besichtigt werden, die den kleinen Eisenbahnfreunden normalerweise verborgen bleiben. Der Rundgang findet in der Regel nachmittags statt und dauert ca. 1 Std. Es ist eine vorherige telefonische Anmeldung beim Tourismusbüro Disentis-Sedrun nötig.

Anmeldung und Info:
Tourismus-Büro Disentis-Sedrun;
Tel. 081/920 40 30 → S. 119, D 6

Hotels

Alpsu

Gastfreundlichkeit wird in diesem Familienbetrieb groß geschrieben. Im Restaurant gibt es leckere Bündner Spezialitäten, vor allem im Herbst zur Wildsaison. Eine Reservierung ist empfehlenswert. Die Zimmer sind nach verschiedenen Themen eingerichtet.

Via Alpsu;
Tel. 0 81/9 47 51 17, Fax 081/947 43 66;
www.hotelalpsu.ch ●●● EC

Globihotel Disentiserhof

Hotelanlage mit Familienwohnungen, am östlichen Ortsrand von Disentis, unweit der Bahnstrecke gelegen, mit Restaurant, Hallenschwimmbad, Kegelbahn und Abenteuerschloss. Das Haus bietet auch spezielle Allergiker-Appartements und Kinderbetreuung an. Eltern können sich in der Sauna oder im Solarium entspannen.

Tel. 0 81/9 29 57 00, Fax 0 81/9 29 57 01; www.globi-hotel.ch; 150 Appartements und Zimmer ●● CREDIT in einigen Wohnungen erlaubt, Aufpreis: 8 CHF/Tag

Furka

Kleines, sympathisch geführtes Hotel mit Restaurant. Die Zimmer schauen allesamt auf die Bahnhofsgleise. Für kleine und große Eisenbahnfans die absolute Schau!

Via dalla Staziun;
Tel. 0 81/947 52 27, Fax 0 81/947 62 32; www.furka-disentis.ch; 11 Zimmer
● CREDIT

MERIAN-Tipp

5 Gotthard-Tunnel

Seit den 1190er-Jahren wird von verschiedenen Angriffspunkten aus am 57 km langen Gotthard-Basistunnel gearbeitet. Die Sedruner Großbaustelle, unweit von Disentis, ist von besonderer Bedeutung, da hier der schwierigste, ca. 6,5 km lange Abschnitt des Tunnels entsteht. Die AlpTransit Gotthard hat hier ein Informationszentrum eingerichtet, das anhand von Reliefs und Videofilmen einen Eindruck von den spektakulären Arbeiten im Berg vermittelt. Vom Informationszentrum aus verlaufen auch drei interessante Wanderwege mit Infotafeln (nach Sedrun, Bugnei und Val Nalps/Abluftkamin), die sich jeweils sehr gut als Halbtagesausflüge eignen.

Informationszentrum AlpTransit Gotthard, Sedrun; Tel. 0 81/9 36 51 20; www.alptransit.ch; tgl. außer Di 10–12, 14–18 Uhr; im November geschl. S. 119, D 6

SPAZIERGANG

Vom Bahnhof aus wendet man sich nach Westen, um am Ende der Via dalla Staziun die Via Lucmagn zu überqueren und geradeaus in die Via Cons bis zur **Pfarrkirche St. Johann Baptist** zu gehen. Hinter der Kirche heißt es nach links in die Via Sontga Gada abbiegen und dem Wegweiser zur Wollkardei folgen. Zur Rechten begleitet die Bahn nun den Spaziergänger. Sie unterquert den Dorfkern in einem Tunnel und kommt hinter der Kirche wieder zum Vorschein. Weiter unten wendet sie sich in einem Rechtsbogen von der Straße ab. Spaziergänger bleiben auf dieser und überqueren auf einer Brücke die Acletta, einen Zufluss des Vorderrheins. Auf der anderen Seite des Baches befindet sich die **Wollkarderei.** Dahinter geht es rechts in eine Straße hinein, die wenig später in einen Feldweg übergeht. Dieser kreuzt nach ca. 50 m die Bahn und mündet dahinter in ein Sträßlein, das sich nach links wendet und der Bahnstrecke in größerem Abstand folgt. Geht man diesen Weg bis zur nächsten Abzweigung vor, besteht die Möglichkeit, nach links hinunter zum Gleis zu laufen. Etwa auf Höhe des Bahnübergangs sollte dann ein Erinnerungsfoto mit einem Zug im Gleisbogen und dem Kloster dahinter gelingen. Am Bahnübergag kann die Zahnstange in Augenschein genommen werden. Für den Rückweg wählt man am besten dieselbe Wegstrecke.

Dauer: ca. 1,5 Std.

SEHENSWERTES

Pfarrkirche St. Johann Baptist

Die Pfarrkirche St. Johann Baptist ist die größte Barockkirche Graubündens, 1643 erbaut und mit einem sehenswerten spätgotischen Flügelaltar in der Nordkapelle ausgestattet.

Der Turm stammt noch von einem Vorgängerbau aus dem 11. Jh. und wurde im Jahre 1667 barockisiert, um ihn stilistisch dem Kirchenneubau anzupassen.

Museen

Klostermuseum

Die Sammlung gliedert sich in zwei Abteilungen. Die kulturhistorische befasst sich mit den Themen Geschichte des Klosters, Brauchtum und Textilien aus Graubünden. In der naturgeschichtlichen Abteilung werden Kristalle und andere Mineralien aus der Region sowie die einheimische Tierwelt gezeigt.

Kloster Disentis; Tel. 0 81/9 29 69 00; www.kloster-disentis.ch; Juli–Okt. Di, Do, Sa 14–17, Weihn.–Ostern Mi 14–17 Uhr; Erw. 6 CHF, Schüler 2 CHF

Mineralienmuseum Cristallina

Wer ein Herz für Steine hat, wird sich gerne an dieser herrlichen Sammlung von Fundstücken satt sehen. Sie stammen allesamt aus dem Bündner Oberland, das als größte Mineralienregion der Schweiz gilt.

Via Catins 144; Tel. 0 81/9 47 59 44 oder 9 47 44 62; Mitte Juni–Ende Okt., Weihn.–Ostern jeden Di und jeden 1. So im Monat 13–16 Uhr; Erw. 5 CHF, Kinder von 6–16 J. 2 CHF, Familien 10 CHF

Wollkarderei

Ältester Wollverarbeitungsbetrieb der Schweiz. Es finden Vorführungen auf den alten Maschinen statt.

Wollkarderei de Sax, Ortsteil Gonda; Tel. 0 81/9 47 52 10 oder 9 47 58 59; Juli–Okt jeden Do 17–18 Uhr; für Gruppen auch andere Zeiten; Erw. 8 CHF, Kinder bis 14 J. gratis

Essen und Trinken

Café Goldmann

Im Sommer kann man draußen sitzen, die Passanten beobachten und genüsslich seinen Kaffee schlürfen.

Via Cavardiras; Tel. 0 81/9 47 52 26; Mo–Fr 8 –18.30, Sa 8–16, So 8–10 Uhr

Einkaufen

Buchhandlung und Papeterie Hosang

Wer vergessen hat, seine Lektüre in den Urlaub mitzunehmen, kann sich in Disentis in der Buchhandlung Hosang eindecken. Ist hier ein bestimmter Titel nicht zu finden, kann er bestellt und am nächsten Werktag abgeholt werden.

Via Sursilvana; Tel. 0 81/936 43 36, Fax 0 81/936 43 37; www.hosang-disentis.ch; Mo–Fr 8–18.30, Sa 8–16 Uhr

Metzgerei und Fleischtrocknerei J. Lozza

Die Fleischtrocknerei bietet Bündner Fleisch und Trockenwürste an.

Via Sursilvana; Tel. 0 81/947 51 05, Fax 0 81/9 47 51 80

Service

Disentis Sedrun Tourismus

Via Alpsu 62; Tel. 0 81/9 20 40 30, Fax 0 81/9 20 40 39; www.disentis-sedrun.ch

MERIAN-Tipp

6 Lamatrekking

Eine pfiffige Idee wird mittlerweile in mehreren Schweizer Ferienorten umgesetzt, so auch in der Sedruner Gegend: das Wandern mit Lamas. Die sanftmütigen Tiere erweisen sich dabei als willige Begleiter der Menschen, auch der kleineren. Diese haben ungemein Spaß an den vierbeinigen, haarigen Tieren. Ohne Rucksackschleppen, mit dem Lama an der Leine, geht es auf bequemen Wanderwegen gemütlich dahin.

Erlebnisbauernhof Nadja und David Deplazes, Reits 311a, 7173 Surrein; Tel. 0 81/ 9 43 33 72; www.lamaventura.ch Gruppenpauschale für eine Schnuppertour: 95 CHF, Halbtagestour 250 CHF, Tagesausflug 410 CHF

→ S. 119, E 6

Von Disentis nach Andermatt

Ab Disentis bewegt sich der Glacier Express auf steilen Etappen mit Hilfe einer Zahnstange.

Hinter Disentis beginnt der Aufstieg im Zahnstangenabschnitt. Es gilt den 2033 Meter hohen Oberalppass zu erklimmen.

Kletterpartie
Mit der Zahnradlok, die sich in die Zahnstange einhakt, lassen sich enorme Steigungen bewältigen.

Mit der Zahnradlok an der Spitze verlässt der Glacier Express den Bahnhof Disentis in Richtung Oberalppass. Gleich hinter der Station hakt sich die Lok mit einem deutlich hörbaren »Klong« in die Zahnstange ein. Gute zehn Minuten nach der Ausfahrt aus dem Bahnhof Disentis befährt der Zug das imposante Val-Bugnei-Viadukt, ein im Bogen liegendes, aus Stein gemauertes Bauwerk mit einer Länge von 106 m.

Unaufhörlich schiebt sich der Zug bergan. Bald ist Sedrun (1441 m ü. M.) erreicht, ein kleiner Ferienort, der sich an einem sanft abfallenden, grünen Hang ausgebreitet hat. Hier kommt die Lokomotive ohne Zahnstange aus. Die Urlaubsregion Disentis-Sedrun wirbt gemeinsam mit vielfältigen Angeboten, wie familienfreundlichen Wanderrouten (Spielplätze, Feuerstellen). Der Ort selbst besitzt eine sehenswerte Barockkirche (erbaut 1691), St. Vigilius, mit einem spätgotischen Flügelaltar in der südlichen Seitenkapelle.

Westlich von Sedrun liegt die Zwischenangriffsstelle für den Stollen des Gotthard-Basistunnels, der voraussichtlich 2015 fertig gestellt sein soll. Dann werden die Züge in zwei jeweils 57 km langen Röhren zwischen Erstfeld und Bodio unter dem Gotthardmassiv hin- und hersausen können. Die Baumaßnahmen haben in der Landschaft westlich von Sedrun deutliche Zeichen hinterlassen. So führt beispielsweise eine Materialbahn zur Baustelle hin, die an einer Stelle das unwegsame Gelände auf einer eigens gefertigten großen Gitterbrücke überquert.

Kletterfahrt zur Passhöhe

Hinter Rueras (1447 m ü. M.), einem kleinen Dorf mit malerischen Holzhäusern, beginnt die Trasse wieder merklich zu steigen. Erneut drosselt die Lok ihr Tempo, um sich mit ihren Zahnrädern in die Zahnstange einzuklinken. Nun beginnt der Aufstieg zur Oberalppasshöhe. In der zusehends kahler wirkenden Landschaft weiden Schafherden. Während der etwa zehnminütigen Kletterfahrt sollte man das Tal, welches auf der linken Seite die Bahntrasse begleitet, im Auge behalten. Zuerst gibt es einen ausgedehnten Golfplatz zu entdecken, dann kommt ein hübsches Bergdorf ins Blickfeld: Tschamut (1667 m ü. M.). Es ist der letzte bewohnte Ort vor dem Oberalppass.

Vegetation
Mit dem Anstieg ändert sich auch die Landschaft: Die sattgrünen Wiesen weichen kargen Schafweiden.

Mit diesem Bilderbuchbild vor Augen kann man sich zurücklehnen und das Erreichen der Passhöhe abwarten. Denn die Bahntrasse führt nun, vor Lawinen und Steinschlag gut geschützt, zumeist in Galerien bergwärts, die nur noch bruchstückhaft Eindrücke von der Landschaft zulassen. Nach etwa 20 Minuten ist die Station Oberalppass (2033 m ü. M.) erreicht, und der Zug kann sich für kurze Zeit wieder von der Zahnstange freimachen. In gemächlicher Fahrt geht es am Oberalpsee vorbei, zunächst in einer Lawinen-Galerie, die sowohl der Bahn als auch der Straße dient, dann auf freier Strecke am Ufer entlang, wo sich der Glacier Express im dunkelblauen Wasser schön spiegeln kann. Zu beiden Seiten ragen Felsengipfel auf, Grasmatten bedecken die Hänge. Eine karge Landschaft, von der ein ganz besonderer Reiz ausgeht.

Die Passhöhe bietet Wanderern in den Sommermonaten eine Einkehrmöglichkeit im Gasthaus Piz Calmot. In etwa 1,5 Stunden kann man auf einem leichten Weg ostwärts zum Toma-See (Laj da Tuma) hinabwandern. Er gilt als die Quelle des Vorderrheins.

Für Wanderer
Auf der Passhöhe führt ein Wanderweg zum Toma-See, der Quelle des Vorderrheins.

Bizarre Gipfeltürme

Der Abstieg vom Oberalppass gehört zu den eindrucksvollsten Passagen der Glacier-Express-Route. Nachdem die Lok das Ende des Sees erreicht hat, schaltet sie wieder auf Zahnradbetrieb um. Ein leichtes Knarren und Klirren, dann geht es in vorsichtiger Fahrt hinab nach Andermatt. Auf der rechten Seite lugt zwischen all den Bergen von Norden her der 2957 m hohe Rienzenstock mit seinen grauen, bizarr gestalteten Gipfeltürmen auf.

Schöne Aussichten
Vom Aussichtspunkt Nätschen genießt man einen wunderbaren Blick auf das Urserental und Andermatt.

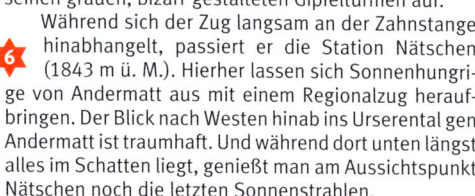

6 Während sich der Zug langsam an der Zahnstange hinabhangelt, passiert er die Station Nätschen (1843 m ü. M.). Hierher lassen sich Sonnenhungrige von Andermatt aus mit einem Regionalzug heraufbringen. Der Blick nach Westen hinab ins Urserental gen Andermatt ist traumhaft. Und während dort unten längst alles im Schatten liegt, genießt man am Aussichtspunkt Nätschen noch die letzten Sonnenstrahlen.

Blumen und wehende Fahnen

Straße und Bahntrasse schlängeln sich in etlichen Kehren bis Andermatt hinunter. Die Route des Glacier Express kreuzt hier mit der Gotthardbahn. Allerdings verläuft Letztere an diesem Punkt unterirdisch im 15 km langen Gotthardtunnel, der bei Göschenen beginnt. Kurz vor Airolo kommen die Züge wieder ans Tageslicht.

Kanton Uri
Mit dem Zielbahnhof Andermatt ist der Kanton Uri erreicht, der zu den Gründungsmitgliedern der Eidgenossenschaft gehört.

Im Bummeltempo kriecht der Zug quietschend an den ersten Häusern und Blumengärten von Andermatt vorbei. Ein Stück weit geht es immer noch hinunter. Zur Rechten erblickt man eine Kaserne, die Schweizer Fahne weht im Wind. Bald darauf ist der Bahnhof erreicht.

Der tiefblaue Oberalpsee liegt auf über 2000 Metern Höhe

Andermatt – Rokoko und Loipen

Das Dorf liegt am Kreuzungspunkt mehrerer Alpenwege: Gotthard, Oberalppass und Furka.

Der hübsche Ort Andermatt im Urserental liegt im südlichen Teil des Kanton Uri, den der Glacier Express auf seiner Strecke nur auf einem kurzen Stück durchquert.

Andermatt

S. 118, C 7

1338 Einwohner

Andermatt (1436 m ü. M.) liegt im Urserental im Kanton Uri. Die Grenze zu Graubünden verläuft am Oberalppass. Die alten Häuser sind walserisch geprägt, da die Besiedelung des Tals vom Wallis her erfolgte.

Heute ist Andermatt ein wichtiger Stützpunkt der schweizerischen Armee. In touristischer Hinsicht empfiehlt sich der Ort als Ausgangspunkt für Bergtouren. Im Winter locken die schneesicheren Skigebiete am Gemsstock und Winterhorn. Skilangläufer können sich auf einer Loipe austoben, die von Andermatt über Hospental bis Realp reicht, dem Anfangspunkt des Furka-Basistunnels.

Hotels

Drei Könige & Post

Zentral gelegenes Haus mit eigener Wellness-Abteilung. Regionale Speisen werden im gediegenen Goethe-Säli oder der Bauernstube serviert.

Gotthardstraße 69; Tel. 0 41/ 8 87 00 01, Fax 0 41/8 87 16 66; www.3koenige.ch; 25. Okt.–19. Dez. und 14. April–27. Mai geschl.; 21 Zimmer ●● CREDIT

Sonne

Das Hotel im walserischen Stil liegt zwei Minuten von der Gemsstockseilbahn entfernt.

Gotthardstraße 76;
Tel. 0 41/8 87 12 26, Fax 0 41/8 87 06 26;
www.hotelsonneandermatt.ch;
1. Nov.–19. Dez. und 18. April–20. Mai geschl.; 20 Zimmer ● MASTER VISA
kein Aufpreis

Spaziergang

Vom Bahnhof Andermatt aus geht man zunächst auf der Bahnhofstraße immer Richtung Süden an der **Dorfkirche St. Peter und Paul** vorbei bis zur quer verlaufenden Gotthardstraße. Neben dem Hotel Sonne stehend, erblickt man hier auf der gegenüberliegenden Straßenseite das **Talmuseum Ursern** mit seiner bunten Rokokofassade. Links geht es auf der Gotthardstraße weiter und nach ca. 30 m rechts in die Mariahilfgasse hinein bis zur letzten Abzweigmöglichkeit. Hier nach links in Richtung Osten führt der Weg zur Kapelle Mariahilf hinauf, von wo aus sich ein herrlicher Rundblick auf Andermatt ergibt. Auf demselben Weg wieder hinunter, nimmt man die erste Abzweigung nach rechts in die Holzgasse und von dieser in die Gotthardstraße. Nach Überqueren der Reuss gelangt der Spaziergänger auf der Gotthardstraße in nördlicher Richtung wieder zum Bahnhof.

Dauer: ca. 1 Std.

MERIAN-Tipp

7 Dampfbahn Furka-Bergstrecke (DFB)

Realp ist Ausgangspunkt der Furka-Bergstrecke, die durch tatkräftige Bemühungen eines Vereins in den 1990er-Jahren wieder zum Leben erweckt wurde. Eine Fahrt auf der alten, zahnstangen-bestückten Bergstrecke Realp–Gletsch im Dampfzug ist ein ganz besonderer Genuss für Fans hochalpiner Landschaften, denn sie führt bei Muttbach-Belvédère am berühmten Rhônegletscher vorbei. Der Betrieb findet nur im Sommer statt, von Ende Juni bis Anfang Oktober. Vormittags verkehren zwei Züge ab Realp, am Nachmittag zwei ab Gletsch. Mit einem Regionalzug der MGB gelangt man von Andermatt nach Realp. Möchte man die Furka-Bergstrecke nicht wieder zurückfahren, fährt von Gletsch der Postbus nach Oberwald und von dort der Regionalzug zurück nach Andermatt.

Dampfbahn Furka-Bergstrecke AG
Reisedienst, Postfach 41,
6490 Andermatt; Tel. 0 84/8 00 01 44;
www.furka-bergstrecke.ch

S. 118, B 7

Sehenswertes

Kirche St. Peter und Paul

Die katholische Dorfkirche (erbaut 1695) mit ihrem schlanken Turm ist das Wahrzeichen von Andermatt. In ihrem Inneren ist sie reich mit Rokokostuck geschmückt. Der geschnitzte Hochaltar wurde 1698 vom Walliser Künstler J. Ritz gefertigt.

Museen

Volkskundliches Talmuseum Ursern

7 In dem Haus mit hübscher Rokokomalerei von 1786 war einst der russische General Suworow untergebracht, Befehlshaber der russischen Truppen, die im September 1799 am Gotthard gegen die Franzosen kämpften.

Gotthardstraße 113, vis à vis Hotel Sonne; Tel. 0 41/8 87 06 24; tgl. Mi– So 16–18 Uhr; Erw. 5 CHF, Kinder 2,50 CHF

Essen und Trinken

Café/Konditorei Baumann

Ein Spaziergang lässt sich im Café Baumann angenehm unterbrechen.

Gotthardstraße 49; Tel. 0 41/8 87 12 38; Mo–Fr 8–18.30, Sa 9–16 Uhr

Einkaufen

Coop Andermatt

Reiche Auswahl an Lebensmitteln.

Gotthardstraße 30; Tel. 0 41/8 87 12 22; Mo–Fr 8–18.30, Sa 8–16 Uhr

Papeterie Danioth

Souvenirs, Filme und Postkarten.

Gotthardstraße 89; Tel. 0 41/8 87 12 84

Service

Gotthard Tourismus

Gotthardstraße 2, 6490 Andermatt; Tel. 0 41/8 87 14 54, Fax 0 81/ 8 87 01 85; www.andermatt.ch

Obwohl Andermatt im Kanton Uri liegt, ist die Architektur der Häuser auch vom Nachbarkanton Wallis geprägt. Charakteristisch ist die traditionelle Holzbauweise.

Die neue µ 790 SW.
Stoßfest.
Wasserdicht.
Spaßerprobt.
Discover your world. www.olympus.de
SHOCK PROOF 1.5m
WATER PROOF 3m
Face Detection
OLYMPUS
Your Vision, Our Future

Von Andermatt nach Brig

Der Furka-Basistunnel ist die Pforte zum Goms. So wird das Flusstal der jungen Rhône genannt.

Bis hinter Hospental kann der Reisende das satte Grün des Urserentals genießen, bevor die Bahn in den Furka-Tunnel eintaucht.

Furkapass
Durch den Bau des Furka-Basistunnels 1982 besteht eine ganzjährige Verkehrsverbindung zwischen Wallis und Zentralschweiz.

Im Urserental folgt der Glacier Express dem Flusslauf der Furkareuss und passiert dabei den kleinen Ort Hospental. Das Ortsbild wird von den Resten der Stammburg (13. Jh.) der Edlen von Hospental geprägt. Wenig später verschwindet der Zug im 15 407 m langen Furka-Basistunnel. Davor ist noch rasch ein Blick auf das Bergdörfchen Realp (1538 m ü. M.) und die Anlagen der Furka-Dampfbahn möglich. Mit der Autoverladung in Realp und Oberwald bietet die Matterhorn Gotthard Bahn auch den KFZ-Lenkern die Möglichkeit, bequem und sicher den Furkapass im Eisenbahntunnel zu überwinden, zumal die Passstraße im Winter gesperrt ist.

Das Goms

Bei Oberwald strömt wieder Tageslicht in die Wagen des Glacier Express. Nach der Tunnelfahrt blinzeln die Reisenden ins ungewohnt Helle. Nun ist der Kanton Wallis erreicht. Der Zug befindet sich nun im Goms, dem obersten Talabschnitt der jungen Rhône, hier Rotten genannt, die sich zunächst noch als kleiner, munter plätschernder Gebirgsbach präsentiert. Ihr Wasser stammt vom einstmals mächtigen Rhônegletscher.

Die Landschaft des Goms reicht bis hinunter nach Brig. Während der Zugfahrt ziehen rechts zahlreiche hübsch anzuschauende Haufendörfer am Fenster vorbei. Eines präsentiert sich schmucker als das andere. Die weiß leuchtenden Kirchen zeichnen sich durch unverwechselbare Turmformen aus. So trägt der Kirchturm von Obergesteln, so heißt die Ortschaft, die hinter Oberwald als nächste folgt, eine schwarze runde Kappe. In Ulrichen spitzt sich der Kirchturm zu einer schmalen Haube, während die Kirche von Reckingen einen Zwiebelturm besitzt. Das Dorf davor heißt Münster. Es kann sich rühmen, Aufenthaltsort von J. W. von Goethe auf einer seiner Reisen gewesen zu sein.

8

Tal der Rotten
Das Goms ist das Ursprungsland der Rotten, der jungen Rhône, die vom gleichnamigen berühmten Gletscher gespeist wird.

Hinter Blitzingen folgt der kleine Ort Niederwald, wo Cäsar Ritz, der Begründer des berühmten Pariser Hotels, herstammt.

Von 40 auf 85 Promille

Wenige Minuten, nachdem der Zug Niederwald hinter sich gelassen hat, erreicht er Fürgangen-Bellwald. Ab hier benötigt die Lokomotive wieder eine Steighilfe. Mittels Zahnstange rollt sie vorsichtig bis zum Luftkurort Fiesch. Kurze Zeit später, hinter Lax (1045 m ü. M.), erfordern zwei mit 90 bzw. 67 ‰ Gefälle trassierte Streckenabschnitte erneut einen Zahnradeinsatz. Vor der Station Grengiols durchfährt der Zug dann einen Kehrtunnel und anschließend ein 49 m hohes und 104 m langes Steinviadukt. Das Besondere an dieser Brücke ist ihr Neigungswechsel von 40 auf 85 ‰, daher beginnt mitten auf dem Bauwerk ein Zahnstangenabschnitt. Eisenbahnfans, die vom Boden aus einen Zug auf dem Viadukt beobachten, können erkennen, dass dieser während der Überquerung deutlich abbremst, um in die Zahnstange einzufädeln.

Zwischen Mörel und Bitsch passiert der Glacier Express ein markantes Gebäude: die Wallfahrtskirche Zen Hohenflüh. Das schmalschiffige kleine Gotteshaus scheint sich den beengten Platzverhältnissen anzupassen. Straße und Bahntrasse nehmen das alte Kirchlein regelrecht in die Zange.

Am Wegesrand
Aus dem Barock stammt die Wahlfahrtskirche Zen Hohenflüh, die zwischen Straße und Bahntrasse eingezwängt ist.

Dann beginnt sich das Tal allmählich zu öffnen. Etwa zehn Minuten später fährt der Zug in Brig ein.

Tunnelbau am Albula

Gefährliches Unterfangen: Wassereinbrüche und labile Schichten bedrohten Mensch und Material.

Fünf Minuten benötigt der Glacier Express, um den 5864 m langen Albula-Tunnel zu durchfahren. Bis er fertig gestellt werden konnte, vergingen Jahre.

Die eigentlichen Tunnelbauarbeiten begannen im Oktober 1898, als die Bohrung des Sohlstollens von zwei Seiten her in Angriff genommen wurde. Am Albula kamen, wie auch beim Arlberg, Simplon- und Tauerntunnel, Drehbohrmaschinen der Bauart Brandt zum Einsatz. Das Neuartige dieser Maschinen bestand darin, dass sie im Gegensatz zu den bislang eingesetzten Schlagbohrmaschinen nicht mit Druckluft, sondern mit Wasserkraft betrieben wurden. Das Wasser konnte gleichzeitig zur Kühlung der Bohrköpfe genutzt werden. Außerdem ließen sich damit die Bohrlöcher spülen, so dass die Staubbildung vermindert wurde. Zur Ableitung des Wassers aus dem Stollen legten die Tunnelbauer einen Kanal an. Die neuartigen Bohrmaschinen schufen ebenmäßige Löcher und zertrümmerten das Gestein, so dass es als Schutt leicht abtransportiert werden konnte. Generell gehörten die Bohr- und Sprengarbeiten zu den wesentlichen Aufgaben beim Stollenausbruch: Zuerst stand das Bohren von Löchern in der so genannten Stollenbrust auf dem Programm. Danach mussten die Bohrmaschinen wieder abgenommen und zurückgezogen werden. Jetzt waren die Mineure an der Reihe. Sie luden die Bohrlöcher mit Sprengstoff und zündeten diesen von einem sicheren Ort aus. Nun war Lüften angesagt, um den Staub zu beseitigen, der den Stollen nach der Explosion erfüllte. War die Sicht wieder frei, machten sich die Tunnelbauer gleich daran, das Ausbruchmaterial aus dem Stollen herauszuschaffen und die Gleise der Materialbahn weiterzuverlegen.

Der abgefahrene Schutt wurde zur Aufschüttung des Damms verwendet, auf dem die Bahn das Val Bever durchfährt. Zügiges Arbeiten im Tunnel war ein Muss, um Zeitverluste

zu vermeiden. Diese gab es ohnehin, sobald die Bohrmaschinen auf unberechenbares Gestein stießen. Es wurden immer wieder Wasseradern angeschnitten, die zu größeren Wassereinbrüchen führten. Da hieß es, schnellstmöglich die meist eiskalte Flut in Röhren bannen und hinausleiten. Oft genug wurde der Stollen jedoch überschwemmt. Gefahren drohten dann durch herausgerissene Dynamitreste, wenn sie unter Wasser im Schutt lagen, nicht erkannt wurden und beim Abräumen detonierten. Auf diese Weise kamen vier Mineure am Albula ums Leben.

Bei Tunnelmeter 1192 im Nordstollen stießen die Arbeiter auf Dolomitsand. Das war im Juli 1900: Große Mengen Wasser traten nach den Sprengarbeiten aus und schwemmten Unmengen feinsten Sands in den Stollen, der auf einer Länge die Sohle samt Gleisen bedeckte. Weiter ging es nur mit einer sorgfältigen Abstützung und Ausmauerung des Stollens, der Tagesfortschritt betrug im Schnitt nur noch 25 cm. So dauerte es fast ein ganzes Jahr, bis die 18 m Wegstrecke durch die kritische Zone gemeistert und solider Schiefer erreicht war. In diesem Gestein konnte wieder problemlos gebohrt und gesprengt werden.

Im Anschluss an die Stollenzimmerung mit runden Grubenhölzern erfolgte die Querträgerzimmerung und schließlich die Ausmauerung mit Steinquadern, Ziegeln oder Stampfbeton. Eiseneinlagen kamen bei Bedarf auch zum Einsatz. Die Tunnelbauer am Albula verwendeten in der Hauptsache Steinquader zur Ausmauerung. Im Januar 1903 führten die Mineure nahe der Durchschlagsstelle die letzten Sprengarbeiten durch. Große Freude herrschte wenig später beim Aufeinandertreffen der beiden Tunnelbaumannschaften. Danach erfolgte die Ausmauerung der letzten Sektion. Im Februar 1903, gute vier Jahre nach Baubeginn, war der abenteuerliche Kampf gegen die Naturgewalten endlich zu Ende.

Etwa 100 Jahre später gelang der RhB die Realisierung des 19 050 m langen Vereina-Tunnels zwischen Klosters und Sagliains. Dank einer gut 200 m langen Tunnelbohrmaschine war das Projekt nach achtjähriger Bauzeit vollendet.

Weitere Infos zum Thema Tunnelbau bei der RhB unter:
- www.rail-info.ch
- www.swissrails.ch
- www.ozdoba.net/rhb/vereina_d.html

Nur gute vier Jahre (1898–1903) dauerte der Bau des Albulatunnels.

Brig – quirliger Eisenbahnknoten

In der Stadt an der Rhône kreuzt die meterspurige Glacier-Express-Route die Linien der BLS und SBB.

Mit der Errichtung dieses schlossähnlichen Palastes in Brig wollte Kaspar Jodok Stockalper seinen Erfolg als Kaufmann und seinen Reichtum zur Schau stellen.

Brig

→ S. 117, E 1/2

11 800 Einwohner

Brig (671 m ü. M.) ist der Hauptort des deutschsprachigen Oberwallis und wurde bereits 1215 urkundlich erwähnt. In der Nordstraße hat die Direktion der MGB ihren Sitz.

Eisenbahnfreunde werden den Bahnhof von Brig mit Interesse betrachten. Hier treffen zwei normalspurige Linien zusammen: die SBB-Strecke aus Genf/Lausanne und die BLS-Lötschbergbahn aus Bern. Am Bahnhofsvorplatz geben sich die Züge der MGB ein Stelldichein. Somit können Reisende in Brig von den meterspurigen MGB- in die normalspurigen SBB- und BLS-Züge überwechseln und umgekehrt. Brig ist außerdem der ideale Stützpunkt für Tagesausflüge.

Hotels

Victoria

Direkt gegenüber dem Bahnhof gelegen und daher bequem für Zugreisende erreichbar. Das Speiserestaurant verfügt über einen Wintergarten, in dem die Gäste gern Platz nehmen. Die Zimmer sind modern und funktionell ausgestattet.

Bahnhofstraße 2;
Tel. 0 27/923 15 03, Fax 0 27/924 21 69;
Mitte Nov.–Mitte Dez., März geschl.;
37 Zimmer ●●● CREDIT

Schlosshotel

Dieses Haus empfiehlt sich durch freundlichen Service und eine zentrale und dennoch ruhige Lage in unmittelbarer Nähe des Stockalper-Palastes. Ein schöner Garten mit Teich lädt im Sommer zum Verweilen ein. Im Dachgeschoss gibt es eine sehr geräumige Ferienwohnung mit drei Zimmern. Die übrigen Zimmer sind ebenfalls behaglich ausgestattet. Vor dem Hotel befindet sich eine Haltestelle, wo Postbusse halten, mit denen man etwa nach Brigerbad zum Thermalbad fahren kann.

Am Schlosspark; Tel. 0 27/922 95 95,
Fax 0 27/922 95 96; www.schlosshotel.ch;
Ende Okt.–Mitte Dez. geschl.; 25 Zimmer
● CREDIT

Spaziergang

Wer in Brig einen Stadtbummel unternehmen möchte, gelangt vom Bahnhof aus schnell in die Innenstadt. Zunächst geht es in südlicher Richtung in die Bahnhofstraße, der Haupteinkaufsmeile von Brig. Nun heißt es, weitergehen bis zum Sebastiansplatz mit der gleichnamigen Kapelle aus dem Jahre 1637. Hier befindet sich das Zentrum der Altstadt. Wendet man sich jetzt nach links, kommt man auf die Alte Simplonstraße, die schnurstracks an alten imposanten Bürgerhäusern, wie dem Cathreinhaus, vorbei zum berühmtesten Baudenkmal von Brig führt, dem Stockalper-Palast.

Das Schloss grenzt zur Neuen Simplonstraße hin an eine hübsche Grünanlage. Nach der Besichtigung des Schlosses lässt es sich bei schönem Wetter auf den hier aufgestellten Bänken gut rasten, bevor es wieder zum Sebastiansplatz und von dort zum Bahnhof zurückgeht.

Dauer: ca. 1 Std.

Sehenswertes

Cathreinhaus

Das älteste Briger Haus aus dem Jahr 1263 steht an der Ecke Sennereigasse/Mariengasse. Es wurde 1539 von Hildprand Furger zu einem Handels- und Wohnhaus erweitert. Das viergeschossige Gebäude mit auskragendem Satteldach zeigt ein massiges Erscheinungsbild mit unregelmäßigem Grundriss. An der Giebelfassade finden sich vorwiegend gekoppelte Fenster. Von der Mariengasse aus gesehen birgt die Wand oberhalb des ersten Obergeschosses eine Nische mit Madonnenfigur. Diese kleine Statue führte einst dazu, dass die Judengasse zu »Mariengasse« umbenannt wurde.

Am Bahnhofsvorplatz von Brig treffen die Züge der Matterhorn Gotthard Bahn ein. Von hier aus ist man in wenigen Minuten im Zentrum des Ortes.

Sebastianskapelle

Die Kapelle entstand 1636/37 unter Regie eines der Prismeller Baumeister Bodmer und lässt deutlich den Einfluss italienischer Vorbilder erkennen. Das Gebäude wird durch einen turmartigen Zentralbau geprägt, der Grundriss ist achteckig. Auf den Giebel der Vorhalle wurde ein Dachreiter gesetzt. Das Innere der Kapelle birgt ein von Lorenz Justin Ritz 1837 gemalten Altarbild. Es zeigt den Hl. Sebastian und eine Stadtansicht von Brig. Über dem Eingangsportal befindet sich das Stockalper-Wappen.

Stockalper-Palast

9

Das Barock-Gebäude mit dem südländisch wirkenden, prächtigen Arkadenhof und den wuchtigen Türmen entstand in den Jahren 1658 bis 1678. Der seinerzeit weit über das Rhônetal hinaus bekannte Kaufmann Kaspar Jodok Stockalper (1609–1691) hatte ihn als Handelshaus errichten lassen. Den mit vergoldeten Zwiebelhauben verzierten Türmen gab er die Namen der Hl. Drei Könige. Die Familie Stockalper verkaufte das Schloss 1948 an die Stadtgemeinde Brig. In den Jahren 1954 bis 1961 erfuhr es daraufhin eine grundlegende Renovierung. Dabei wurden auch teils zugemauerte Arkaden wieder freigelegt. Diese waren in der ersten Häfte des 19. Jh. vermauert worden, um mehr Räume zu erhalten. Das Schloss beherbergte zu jener Zeit eine Schule des Jesuitenkollegs.

Die Hauskapelle des Schlosses ziert ein Silberaltar des Augsburger Silberschmieds Samuel Hornung. Der Arkadeninnenhof wird heute für kulturelle Veranstaltungen genutzt. Außerdem haben die Gemeindeverwaltung Brig-Glis und das Forschungsinstitut zur Geschichte des Alpenraums ihren Sitz im Schloss.

Bei Interesse kann man an einer Schlossführung mit Besichtigung der ehemaligen, im postgotischen Stil gestalteten Wohnräume und des Speisesaals teilnehmen. Der Besucher erhält zahlreiche Informationen zum

Leben und Wirken des Kaspar Stockalper als Baumeister und Kaufmann, der seine Handelsbeziehungen bis weit über den Simplon hinweg ausdehnte.

Führungen Mai–Okt. tgl. außer Mo 9.30, 10.30, 13.30, 14.30, 15.30 und 16.30 Uhr; Tel. (Verkehrsbüro Brig) 0 27/921 60 30; Erw. 7 CHF, Kinder von 6–16 J. 3 CHF, Schüler 5 CHF

Essen und Trinken

Schlosskeller

Am Stockalper-Palast gelegen. Durch die Gaststube gelangt man in das gehobene Restaurant, dessen Ambiente durch eine alte Holzdecke geprägt wird. Hier gibt es leckere Salate und viele andere gute Gerichte.

Alte Simplonstraße 26; Tel. 0 27/923 33 52, Fax 0 27/923 69 75; Jan.–Juli abends, So abends und Mo geschl. ●●● CREDIT

Einkaufen

Enoteca Roland Hischier

Hier findet man einheimische Weine, Geschenke und informative Bücher zur Weinkunde.

Mariengasse; Tel. 0 27/924 36 58; www.hischierweine.ch; Di–Fr 13.30–18.30 Uhr, Sa 10–16 Uhr

MERIAN-Tipp

8 Thermal-Felsenbad

Versteckt zwischen grünen Bäumen im Ortsteil Brigerbad befindet sich ein ausgedehntes Thermalbad mit 182 m langer Außenrutsche. Zu den weiteren Attraktionen dieser Einrichtung gehört eine romantische Felsengrotte mit 42 °C heißem Wasser. Hier kann man angenehm entspannen. In den Außenbecken geht es dagegen turbulenter zu. Hier vergnügen sich Familien, genießen Kinder und Jugendliche die Sausefahrt auf der Riesenrutsche.

Thermalbad/Ortsteil Brigerbad; Tel. 0 27/9 46 46 88; ab Brig mit Postbus (z. B. ab Schlosshotel); Badesaison: Mitte Mai–Mitte Sept.; Tageseintritt (9.30–18 Uhr): Erw. 13 CHF, Kinder von 6–13 J. 6 CHF, Kleinkinder von 2–5 J. 3 CHF; Eintritt für Grotte (1/2 Std.) Erw. 10 CHF

→ S. 117, D 2

Service

Verkehrsbüro Brig

Bahnhofplatz 1; Tel. 027/921 60 30, Fax 9 21 6031; E-Mail: info@brig-belalp.ch

Der Sebastiansplatz ist das Herz von Brig, des Hauptortes des Oberwallis.

Von Brig nach Zermatt

Aus dem breiten Rhônetal kommend, fährt der Zug nun durch die enge Schlucht der Matter Vispa.

Die Bahnstrecke des Glacier Express wird von vielen kleinen Ortschaften gesäumt, hier etwa Neubrück im Vispertal.

Auf der Fahrt zum Endpunkt der Glacier-Express-Reise nimmt der Zug nun Kurs auf das Vispertal, in dem Zermatt liegt.

Zunächst folgt die Strecke noch parallel zu den Gleisen der SBB-Linie Brig–Lausanne im breiten Rhônetal westwärts. Dabei passiert sie das Erholungszentrum Brigerbad. Auf der rechten Seite erkennt man jenseits des Flusses in der Felswand die engen Windungen einer Rutschbahn. Sie gehört zum großen Thermal-Felsenbad in Brigerbad und ist 182 m lang.

Alter Handelsweg
Wo das Vispertal vom Rhônetal abzweigt, führte einst ein alter Handelsweg, der dem Ort Visp wirtschaftliche Bedeutung brachte.

Bei Visp biegt die Bahntrasse nach Süden in das enge Vispertal ein. Visp zählt etwa 6500 Einwohner. Der kleine Industrieort lag immer schon an einem alten Handelsweg und weist daher in seinem alten Ortskern viele prächtige Bürgerhäuser und Reste einer Befestigungsanlage auf.

Auf seiner 36 km langen Fahrt nach Zermatt wird der Glacier Express sechs Zahnstangenabschnitte passieren.

Die zu bewältigende Steigung beträgt dabei maximal 125 ‰, das entspricht 125 m im Verlauf eines Kilometers. Doch zunächst nimmt der Bahnreisende im Vispertal staunend die schier unzugänglich wirkenden, steilen Terrassen voller Rebstöcke wahr. Die Hänge bei Visperterminen gelten als die höchstgelegenen Weinberge Europas. Ihre sonnenverwöhnte Lage lässt edle weiße und rote Trauben gedeihen.

Edle Trauben
Bis auf eine Höhe von 1200 m reichen die Weinberge bei Visperterminen, die höchstgelegenen Europas.

Im Bereich des Bahnhofs Stalden-Saas (799 m ü. M.) greifen die Zahnräder der Lokomotive erstmals in die Zahnstange. Stalden liegt am Zusammenfluss der beiden Gebirgsflüsse Matter Vispa und Saaser Vispa. Der Zug folgt nun dem Lauf der Matter Vispa im Mattertal aufwärts. Links zweigt das Tal der Saaser Vispa ab mit der Straße zum 1792 m hoch gelegenen Ferienort Saas Fe. Dorthin sollte einst eine Zweigbahn gebaut werden. Die Pläne wurden jedoch wieder verworfen. Heute besteht eine Postbus-Linie von Stalden nach Saas Fee und zum Mattmark-Stausee.

Latein versus Gallisch

Die Besiedelungsgeschichte des Vispertals reicht nach den spärlichen archäologischen Funden in die Eisenzeit (ca. 500–15 v. Chr.) zurück. Siedlergruppen der keltischen Uberer ließen sich im Vispertal nieder. Sie sprachen gallisch. In einzelnen Ortsnamen hat die vorromanische Sprache überlebt, so in Visp, das vermutlich auf das gallische »wespa« (Alpweide) zurückgeht, oder in Morgia, dem im Mittelalter in Urkunden festgehaltenen alten Namen von Stalden: vielleicht aus gallisch »morga« (Grenze, Steinwall, Hang).

Lange Tradition
Von der langen Besiedelungsgeschichte des Vispertals zeugen die gallisch und lateinisch geprägten Ortsnamen.

Im Jahr 25 v. Chr. eroberten die Römer die Region, die fortan zur Provinz Rätien gehörte. Die gallische Volkssprache bekam nun Konkurrenz vom Lateinischen, der Sprache der Oberschicht. Auch an das Lateinische erinnern einige Ortsnamen im Vispertal, so beispielsweise Kalpetran (lat. »Calla petrana«, rätoromanisch »cal pedran«, d.h. Weg in den Felsen).

Quietschender Singsang

Kurz nachdem der Glacier Express den blumengeschmückten Bahnhof von Kalpetran verlassen hat, befindet er sich in der Kipfenschlucht. In diesem Abschnitt ist das tiefe Flusstal besonders unwirtlich. Mehrere kurze Tunnels schützen die Bahntrasse. Die in engen Kehren bergauf geführte Straße verläuft dagegen hoch über

Das berühmte »Krokodil« auf seinem Weg nach Stalden, das den Taleingang nach Zermatt bewacht.

Steinbrüche
Die Schiefervorkommen liefern das Schindelmaterial für die Häuser- und Scheunendächer im Mattertal.

dem Einschnitt. Autofahrer ahnen daher nichts von der dramatischen Szenerie, die sich den Reisenden im Glacier Express präsentiert. Rechts unten neben dem Bahndamm tost und schäumt die Matter Vispa abwärts. An manchen Stellen säumen mächtige, grünlich schimmernde Schieferbrocken ihr Ufer. Aus diesem Material, das u. a. aus dem Steinbruch bei Embd gewonnen wurde, bestehen die Dachschindeln der Haus- und Scheunendächer im Mattertal. Wer einen genauen Blick auf die älteren Gebäude entlang der Strecke geworfen hat, dem ist diese Art der Dachbedeckung sicher aufgefallen.

Auf seinem Weg nach Zermatt macht sich der Zug immer öfter akustisch bemerkbar. In den kurvigen Zahnstangenabschnitten ertönt ein quietschender Sing-Sang, der die Fahrgäste erahnen lässt, welche mechanischen Kräfte die Antriebselemente der Lokomotive aushalten müssen.

Spuren des Bergsturzes

Kurz vor Randa umfährt der Glacier Express einen rechter Hand spektakulär anmutenden riesigen Geröllkegel. Im Mai 1991 ereignete sich hier ein großer Bergsturz, der sowohl die Schienen- als auch die Straßenverbindung unterbrach. Auf einer Länge von etwa 3 km mussten Bahnstrecke und Autostraße komplett wieder neu aufgebaut werden.

Bald darauf weitet sich das Mattertal und gibt den Blick auf riesige Parkplatzflächen frei. In Randa müssen Autofahrer ihre Wägen stehen lassen und in den Zug umsteigen. Denn Zermatt ist autofrei. Wohin auch mit all den Autos? Wer in Zermatt herumspaziert, wird sich die PKW-Massen dort kaum vorstellen wollen. Ab Randa benötigt der Glacier Express noch etwa eine Viertelstunde, bis er in Zermatt einfährt.

Das Gebäude des Bahnhofs Zermatt ist ein lawinensicherer Betonbau, der aus den Achtzigerjahren stammt. Wer weitere Unternehmungen mit der MGB plant, kann sich an das freundliche, auskunftswillige Personal in den Schalterräumen wenden, gleich vor Ort informieren lassen und gegebenenfalls auch schon ein Ticket erwerben.

Der Fahrplan gibt den Rhythmus vor

Auf dem Bahnhofsvorplatz wartet schon das Elektrotaxi des Hotels – sofern man seine Ankunft telefonisch avisiert hat. Die genaue Uhrzeitangabe ist meist nicht nötig. Hier weiß man in der Regel, wann die Glacier-Express-Züge ankommen. Im entsprechenden Rhythmus brummeln die kleinen Elektro-Fahrzeuge leise zum Bahnhof, und ebenso unauffällig machen sie sich, bepackt mit Koffern und neugierig blickenden Gästen, wieder durch die engen Gassen davon. Damit dieser Pendelverkehr nicht außer Kontrolle gerät, sind auf einigen der schmalen Sträßlein Schwellen installiert worden. Wer zu schnell unterwegs ist, wird durch arges Rumpeln bestraft. Welch ein Kontrast zum Zug ...

Endpunkt Zermatt
Im autofreien Zermatt kann der Reisende in die Elektromobile oder Pferdekutschen umsteigen.

Das hübsche Dorf Kalpetran, das der Glacier Express auf seinem Weg nach Zermatt passiert, liegt im engen Tal der Matter Vispa.

Signalzeichen der Bahn

Sie sorgen dafür, dass der Betrieb auf der steigungsreichen Glacier-Express-Route funktioniert.

Der Schweizer Eisenbahnverkehr wird durch eine Vielzahl verschiedener Signale geregelt, die der Sicherheit und flüssigen Abwicklung von Zug- und Rangierfahrten dienen. Die wichtigsten Signalarten sind Haupt- und Vorsignale. Hauptsignale zeigen Fahrverbot oder Fahrfreigabe und Geschwindigkeitsbegrenzungen an, Vorsignale kündigen das in einer bestimmten Entfernung folgende Hauptsignal an. Mit der Einführung nummerischer Geschwindigkeitsanzeiger wurde die Anzeige der erlaubten Geschwindigkeit durch Lichtpunkte mehr und mehr abgelöst.

Auf dem Netz der RhB und den Strecken der MGB sind mitunter Signalzeichen zu entdecken, die sich merklich von den hier zu Lande üblichen unterscheiden. Es sind spezielle Zeichen, die zur sicheren Betriebsführung auf Gebirgslinien entwickelt wurden. Einige der wichtigsten, typischen Signale sollen hier vorgestellt werden:

1. Vorsignal für Zahnstangenabschnitt
Auf einer rechteckigen weißen Tafel ist die erlaubte Geschwindigkeit angezeigt, mit der eine Lokomotive in die Zahnstange einfahren darf. Das Signal steht etwa 150 m vor dem Einfädelungspunkt.

2. Anfang Zahnstangenabschnitt
Ein großes A (= Anfang) auf einer runden weißen Scheibe markiert den Beginn des Zahnstangenabschnitts. Das Signal folgt auf das Vorsignal und steht direkt am Einfädelungspunkt.

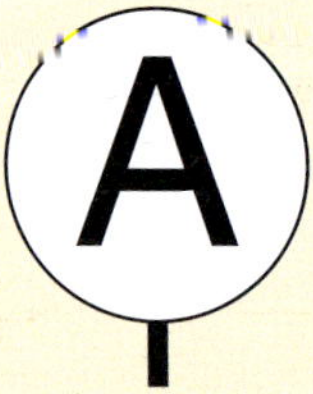

3. Ende Zahnstangenabschnitt
Eine weiße runde Scheibe mit großem E (= Ende) zeigt an, dass hier der Zahnstangenabschnitt zu Ende ist. Dieses Signal wird durch kein Vorsignal angekündigt, sondern markiert direkt den Ausfädelungspunkt.

Solche Signale sind beispielsweise hinter Disentis, wo der Glacier Express erstmals in einen Zahnstangenabschnitt einfährt, anzutreffen.

4. Anzeiger für Geschwindigkeitsprüfpunkte

Die RhB verwendet ein Zugsicherungssystem (ZSI 90), das mit Hilfe von Kontrollpunkten zu schnell fahrende Fahrzeuge erkennen und zwangsbremsen kann. Der Lokführer wird mit einem Signal auf vor ihm liegende Geschwindigkeitsprüfpunkte aufmerksam gemacht. Es handelt sich hierbei um Leuchtziffern auf schwarzem Grund. Sie zeigen ein V und eine oder zwei Ziffern. »V6« bedeutet zum Beispiel: »es wird gleich ein Prüfpunkt für 60 km/h erreicht«. »V35« hieße, dass ein Prüfpunkt für 30 km/h und dann einer für 50 km/h folgt. Überfährt der Zug die Kontrollpunkte mit überhöhtem Tempo, wird er über das ZSI 90 heruntergebremst. Einer dieser Anzeiger findet sich im Albulatunnel in Fahrtrichtung Spinas.

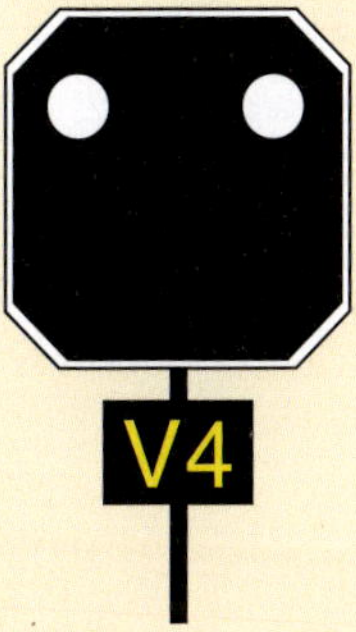

5. Neigungsanzeiger

Die Glacier-Express-Strecke weist ein sehr abwechslungsreiches Neigungsprofil auf. Um den Lokführer auf die vor ihm liegenden Verhältnisse aufmerksam zu machen, sind entsprechende Tafeln neben der Strecke angebracht, die den bevorstehenden Gefälle- bzw. Steigungswert anzeigen. Solche Tafeln finden sich beispielsweise an den Rampenstrecken am Furka.

Steigung beginnt oder ändert sich: 9 ‰ Steigung auf den nächsten 530 m.

waagerechter Abschnitt, 235 m lang.

Gefälle beginnt oder ändert sich, 26 ‰ auf den nächsten 2508 m.

Weitere Infos zum Thema Signalzeichen der Eisenbahn unter:
····> www.lokifahrer.ch

Zermatt – Ziel einer grandiosen Fahrt

Die vielen herrlichen Eindrücke während der Glacier-Express-Reise kulminieren nun im Matterhorn-Blick.

Das Ortsbild von Zermatt, dem autofreien Kurort am Ende des Mattertals, wird von der legendären Pyramide des Matterhorns beherrscht.

Zermatt

→ S. 116, C 3

5500 Einwohner
Stadplan → S. 92

Zermatt (1631 m ü. M.) hat dank der Verhinderung monströser Hotelbauten und der Aussperrung des Autoverkehrs seine dörflichen Strukturen weitgehend erhalten können. Der Ort wird erstmals urkundlich 1235 unter dem lateinischen Namen »Pratobornum« erwähnt.

Die Entwicklung des kleinen Bergdorfes Zermatt zum berühmten Touristenort mit über 100 Hotels und einer großen Zahl Ferienwohnungen ist hauptsächlich auf den Alpinismus zurückzuführen. Dieser hielt etwa in der Mitte des 19. Jh. in Zermatt Einzug. Fremde, die zuvor den Weg ins Mattertal gefunden hatten, waren meist Naturforscher. Sie bestiegen ab und zu einen leicht erreichbaren Gipfel aus rein wissenschaftlichem Interesse. Einheimische wagten sich wenn, dann nur aus triftigem Grund hinauf in die hochalpinen Regionen: Um ihr Überleben in der Bergwelt zu sichern, suchten sie Wege, die natürlichen Barrieren zu überwinden.

Nun aber entdeckte die englische »High Society« die Alpen für ihren Müßiggang. Was in St. Moritz die ersten Skifahrer waren, bedeuteten die Bergsteiger für Zermatt. Junge sportliche Männer versuchten sich an bisher unbezwungenen Bergriesen. Dabei übte das Mattertal mit seinen vielen ringsum aufragenden Viertausendern natürlich eine ganz besondere Anziehungskraft auf die jungen Abenteurer aus. Um nur einige Beispiele zu nennen: Im Südosten, an der Grenze zu Italien, erhebt sich die Dufourspitze, der mit 4634 m höchste Berg der Schweiz. Weiter nördlich thront in der Mischabelgruppe der 4545 m hohe Dom, gegenüber, jenseits des Mattertales, die Gipfel des Weiß- und Zinalrothorns mit einer Höhe von 4505 bzw. 4221 m. Zu den faszinierendsten Gipfeln gehörte damals aber sicherlich das Matterhorn mit seiner von Zermatt aus sichtbaren pyramidenförmigen Silhouette.

1857 wurde in London der englische Alpenclub gegründet, fünf Jahre später der österreichische und 1863 der schweizerische und italienische. Mit dem Zustrom der Bergsteiger entstand ein neues Berufsbild in den Alpen: der Bergführer. Denn ohne kräftige, ortskundige Einheimische wären die Gipfelstürmer nicht dorthin gekommen, wohin sie wollten. In Zermatt entstand 1858 der erste Bergführerverein. Die ersten Bergsteiger fanden in Zermatt bald mehrere komfortable Hotels vor, wie beispielsweise das 1832 als Herberge erbaute und 1855 erweiterte »Monte Rosa«.

Die Erstbesteigung des 4478 m hohen Matterhorns über den Hörnligrat gelang am 14. Juli 1865 den Engländern Edward Whymper, Reverend Charles Hudson, Lord Francis Douglas und Robert Hadow mit Hilfe der Bergführer Michel Auguste Croz sowie Vater und Sohn Peter Taugwalder. Tragisch verlief jedoch der Abstieg. Nur Whymper und die beiden Taugwalders kamen wieder in Zermatt an, die übrigen Kameraden stürzten etwa 400 m unterhalb des Gipfels in den Tod. Whymper und seine beiden Führer blieben am Leben, weil das Seil riss. Diese traurige Geschichte dokumentiert die Gefährlichkeit des frühen Alpinismus.

Hotels/Restaurants

Monte Rosa → S. 92, a 2

Das altehrwürdige Berghotel mit seinen roten Fensterläden liegt in der Nähe des Kirchplatzes. Die Zimmer des 4-Sterne-Hauses sind sehr geschmackvoll im alpenländischen Stil eingerichtet. Im Restaurant werden regionale Speisen offeriert.

Bahnhofstraße 80;
Tel. 0 27/966 03 33, Fax 0 27/9 66 03 30;
www.zermatt.ch/monterosa; geöffnet Mitte Dez.–Mitte April und Mitte Juni–Ende Sept.; 42 Zimmer ●●● CREDIT

Excelsior S. 92, b 2

Das 3-Sterne-Haus wartet mit einer familiären Atmosphäre auf. Die Südzimmer schauen allesamt zum Matterhorn. Abends oder morgens sollte man die Vorhänge beiseite ziehen und das Wechselspiel des Lichts am Matterhorngipfel genießen. Das hauseigene Restaurant La Ferme bietet schweizerische Traditionsgerichte.

Hofmattstraße 38;
Tel. 0 27/9 66 35 00, Fax 0 27/9 66 35 05;
www.excelsior-zermatt.ch;
ganzjährig geöffnet; 18 Zimmer ●
CREDIT kein Aufpreis

Spaziergang

Im Sommer lohnt ein Spaziergang aus dem Ort hinaus, um dem Touristenrummel zu entgehen und das

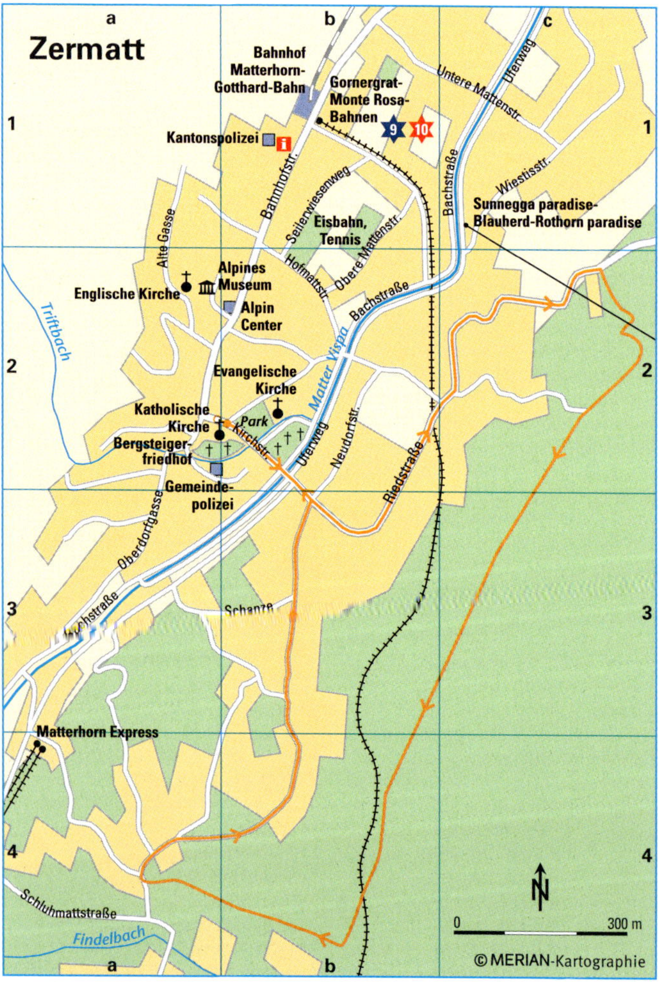

herrliche Bergpanorama zu genießen. Ein guter Ausgangspunkt ist der Kirchplatz mit dem niedlichen Murmeltierbrunnen aus dem Jahr 1902 vor der katholischen Kirche St. Mauritius. Von hier aus geht es nach Osten über den Triftbach am Friedhof vorbei. Hier haben viele verunglückte Bergsteiger ihre letzte Ruhestätte gefunden, so auch Whympers Kameraden Croz und Hadow. Nach Überqueren der Matter Vispa führt die Riedstraße geradeaus weiter in den Ortsteil Steinmatte. Es gilt, immer dieser Straße zu folgen, die sich nun nach Norden wendet. Beim Chalet Santa Fe zweigt dann ein Wanderweg nach Osten ab, um auf zwei Kehren zur Panoramastrecke hinaufzuführen. Dieser herrliche Spazierweg verläuft in südlicher Richtung. Daher hat man von hier aus schräg rechts immer das Matterhorn vor Augen. Ruhebänke laden dazu ein, eine Pause zu machen und sich von den Sonnenstrahlen verwöhnen zu lassen.

Die Route führt bis zur Trasse der Gornergratbahn. Nach Überqueren der Bahnlinie geht es weiter bis Winkelmatten und von dort zurück nach Zermatt. Wieder im Ortsteil Steinmatte und auf der Riedstraße angekommen, wendet man sich nach links, um über die Matter-Vispa-Brücke wieder den Kirchplatz zu erreichen.

Hundehalter müssen beachten, dass Vierbeiner innerhalb von Ortschaften stets angeleint sein müssen. Für angriffslustige Rassen gilt die Leinen- und Maulkorbpflicht immer.

Dauer: ca. 1,5 Std.

MERIAN-Tipp

9 Gornergratbahn

Zu den eindrucksvollsten Bergbahnen des Alpenraums gehört die 1898 eröffnete, elektrisch betriebene Gornergratbahn. Die Talstation befindet sich gegenüber dem Zermatter Bahnhofsgebäude. Etwa eine Dreiviertelstunde benötigen die modernen Triebwagen für ihre Kletterfahrt auf der 9 km langen Zahnstangenstrecke (System Abt/maximale Neigung 200 ‰) hinauf zur 3089 m hoch gelegenen Bergstation Gornergrat. Schon während der Fahrt ergeben sich atemberaubende Ausblicke. An der Bergstation ist das Panorama geradezu überwältigend: das Matterhorn im Südwesten, die Zwillingsgipfel Castor und Pollux im Süden und das Monte-Rosa-Massiv im Osten. Im steil abfallenden Gelände direkt unterhalb der Station schimmert das Eisfeld des Gornergletschers.

GGB; Gornergrat-Monte-Rosa-Bahnen, Brig; Tel. 0 27/ 9 21 41 11; www.gornergrat.ch → S. 92, b 1

SEHENSWERTES

Englische Kirche → S. 92, a 2

Der englische Alpenclub ließ im Jahre 1871 eine Anglikanische Kirche im neugotischen Stil erbauen. Sie liegt am Chrumweg, einer steilen Gasse, die beim Restaurant Grampi's von der Bahnhofstraße abzweigt. Eingemauert im Altar, ruhen die Gebeine des Reverend Hudson, der bei der Matterhorn-Erstbesteigung sein Leben verlor. Die Kirche entstand zum Gedenken an ihn und seine Kameraden.

Geschichtlicher Dorfrundgang

Wer Zermatt nicht im Alleingang besichtigen möchte und gerne auch Hintergrundinformationen hört, wird beim geschichtlichen Dorfrundgang sicher viel Interessantes erfahren. Geschulte Fremdenführerinnen erzählen Wissenswertes über Zermatt und plaudern aus der Dorfchronik.

Edith Villiger-Imark:
Tel. 0 27/9 67 29 00;
E-Mail: e-villiger@bluewin.ch;
Elisabeth Fux:
Tel. 0 79/3 32 80 54;
E-Mail: fuxelisabeth@bluewin.ch;
Zeiten und Preise nach Vereinbarung
Dauer: 1 bis 1,5 Std.

Die Nostalgische Riffelalp-Tram hat 2001 ihren Betrieb wieder aufgenommen.

Nostalgische Riffelalp-Tram

⇢ S. 116, C 4

10 Diese höchstgelegene Trambahn Europas fuhr ab 1899 zwischen der Gornergratbahn-Station Riffelalp und dem Seiler-Hotel. Als das Haus 1961 niederbrannte, stellte man auch den Trambahnbetrieb ein. Erst mit dem Bau des 5-Sterne-Hotels Riffelalp-Resort wurde auch das Bähnlein wieder zum Leben erweckt. Die Eröffnung erfolgte 2001. Auf den Wiederaufbau der Drehstrom-Fahrleitungsanlage und die Instandsetzung der beiden Original-Tramwagen musste verzichtet werden. Die Neubauwagen entsprechen in ihrem Erscheinungsbild aber den Vorgängern. Sie pendeln mit einer Maximalgeschwindigkeit von 10 km/h auf der 675 m langen Strecke zwischen Station und Hotel. Der Betrieb erfolgt mit Batterien. Die Depot-Garage besitzt Ladestationen.

GGB; Tel. 0 27/9 21 41 11;
www.zermatt.ch/riffelalp/d/tram

Whymper-Denkmal

⇢ S. 92, a 2

An der Fassade des Hotels Monte Rosa, des typischen Berghotels aus der Anfangszeit des Alpinismus, ist eine bronzene Gedenktafel zu Ehren des Matterhorn-Erstbesteigers Edward Whymper angebracht. In dem Haus logierten über die Jahre hinweg viele Bergsteiger, die das Ansinnen hatten, die Viertausender rund um Zermatt zu bezwingen.

Museum

Alpines Museum

⇢ S. 92, a 2

Erreichbar ist das Museum von der Bahnhofstraße her in westlicher Richtung: Beim Alpin-Center muss man abbiegen und dem Hinweisschild folgen. Im Alpinen Museum ist u. a. das berühmte zerrissene Seil zu besichtigen, an dessen einem Ende Whympers Kameraden in den Tod stürzten. Außerdem erzählt das Museum die Geschichte Zermatts und zeigt eine kartografische Sammlung

MERIAN-Tipp

10 Dampfzug-Fahrten

In den Monaten Juni bis September veranstaltet die MGB Zugfahrten mit der 1906 erbauten Dampflok »Breithorn« zwischen Brig und Zermatt. In Brig geht es am frühen Vormittag los, In Zermatt bleibt der Zug ca. 1,5 Std. und kehrt am Nachmittag wieder nach Brig zurück. Für die Fahrten können Einzeltickets oder eine Dampftageskarte erworben werden.

Sitzplatzreservierung empfehlenswert: Bahnhof Stalden; Tel. 0 27/9 27 75 50 Die Dampftageskarte für Fahrten im MGB-Netz: Erw. o. Ermäßigung 70 CHF, Kinder von 6–16 J. in Begleitung eines Elternteils 40 CHF)

⇢ S. 116/117, D 2–C 3

sowie interessante volkskundliche Exponate, wie etwa alte Möbel und Gerätschaften.

Tel. 0 27/9 67 41 00; Juni–Okt. tgl. 10–12, 16–18, im Winter Mo–Sa 16.30–18.30 Uhr, So geschl.; Erw. 8 CHF, Kinder unter 16 J. gratis, Schüler 6 CHF

Essen und Trinken

Walliserhof ⇢ S. 92, b 2

In den beiden Restaurantstuben des 4-Sterne-Hotels lässt es sich angenehm bei gutem Preis-Leistungs-Verhältnis speisen. Es werden traditionelle Walliser Gerichte serviert. Im Herbst sind insbesondere die Wildspezialitäten mit einem einheimischen Wein zu empfehlen.

Bahnhofstraße 28; Tel. 0 27/9 66 65 55, Fax 0 27/9 66 65 50; ganzjährig geöffnet; Mittag- und Abendessen ●●● CREDIT

Pizzeria Roma ⇢ S. 92, b 3

Wer durch die Riedstraße bummelt, kommt im Ortsteil Steinmatte an der Pizzeria vorbei. Hier werden leckere Pizzen im Holzofen zubereitet.

Riedstraße; Tel. 0 27/9 67 32 29; abends geöffnet ● CREDIT

Service

Zermatt Tourismus ⇢ S. 92, b 1

Bahnhofplatz 5
3920 Zermatt
Tel. 0 27/9 66 81 00, Fax 0 27/9 66 81 01; www.zermatt.ch

Hunde-Betreuung ⇢ S. 92, b 2

Tagsüber »Hunde-Sitting«.

Dorothe Breda/Haus Bergamo; Kirchstraße 16; Tel. 0 27/9 67 61 58

Sportartikel-Verleih ⇢ S. 92, b 2

Mountainbike plus Helm, Ski, Schlittschuhe etc.

Ski und Velo Sport/Franco Cafasso; Neudorfstraße; Tel. 0 27/9 67 13 22, Fax 0 27/9 67 33 55

Von der Bergstation Gornergrat hat man einen herrlichen Blick auf das Matterhorn.

Steighilfen für Lokomotiven

Reicht auf Steilstrecken die Reibung zwischen Rad und Schiene nicht aus, sind Zahnstangen nötig.

Etwa bei 100 ‰ ist Schluss. Spätestens bei einer solchen Steigung (100 m auf 1 km) drehen die Räder einer gewöhnlichen Lokomotive durch. Das haben die Vordenker der Lokomotivtechnik rasch erkannt. Der Bedarf an steilen Strecken zur Erschließung von Gebirgsregionen veranlasste sie, nach Lösungen zu suchen. So erfanden sie quasi eine Steighilfe für Lokomotiven: die Zahnstange.

Obwohl in der zweiten Hälfte des 19. Jh. mehrere Zahnstangensysteme entwickelt wurden, ist das Prinzip bei allen gleich: Im Gleis ist eine zusätzliche Schiene fest eingefügt, die Sprossen oder Zähne aufweist, an denen sich eine Lokomotive mit Triebzahnrädern hochziehen kann. Es gibt Strecken, die durchgängig mit einer Zahnstange ausgerüstet sind, da sie kontinuierlich stark ansteigen. Andere benötigen hingegen nur stellenweise eine Kletterhilfe für Lokomotiven. Zu diesen gehört auch die Route, die vom Glacier Express befahren wird. Nur am Oberalppass (max. Neigung 110 ‰), im Goms und im Mattertal (max. 125 ‰) finden sich Zahnstangenabschnitte. Sie entsprechen in ihrer Ausführung dem System Abt, der am meisten verbreiteten Bauart. Diese von Roman Abt (1850–1933) gestaltete Steighilfe beruht auf dem Prinzip einer zweilamelligen Zahnstange mit 120-mm-Teilung. Die Gestänge sind um einen halben Zahn gegeneinander versetzt. Auch das Antriebszahnrad der Lok ist zweigeteilt und kann daher wesentlich größere Kräfte übertragen als bei einer einfachen Lamellenzahnstange. Federnd gelagerte Zahnstangenplatten und verschiebbare Zahnstangenmodule sorgen für einen sehr schonenden Ein- und Auslauf an den Nahtstellen. Dabei muss mit Geschwindigkeiten von unter 10 km/h gefahren werden.

Die drei anderen Systeme wurden von Niklaus Riggenbach (1817–1899), Eduard Locher (1840–1910) sowie Emil Strub (1858–1909) entwickelt. Alle vier Ingenieure waren Schweizer.

Das System Riggenbach präsentiert sich als Leiterzahnstange. Bei dieser Bauart kann sich das Triebzahnrad der Lok von oben in die Sprossen einhaken. Die Riggenbach´sche Zahnstange ist beispielsweise bei der Brünigbahn (Luzern–Brünigpass–Interlaken) im Einsatz, die eine maximale Neigung von bis zu 121 ‰ aufweist.

Die dritte Zahnstangenart, das so genannte System Locher, wurde speziell für die steilste Zahnradbahn der Welt entwickelt, die Pilatusbahn oberhalb des Vierwaldstättersees. Hier herrschen Neigungsverhältnisse von maximal 480 ‰. Aus Sicherheitsgründen hangeln sich gleich zwei waagerecht angeordnete Triebzahnräder von beiden Seiten an den doppelreihig, ebenfalls liegend angeordneten Stufen der Zahnstange entlang.

Beim Strub'schen System passt sich das Triebzahnrad der Lokomotive von oben in eine Zahnstange ein, deren Stufen hintereinander in eine Breitfußschiene eingefräst sind.

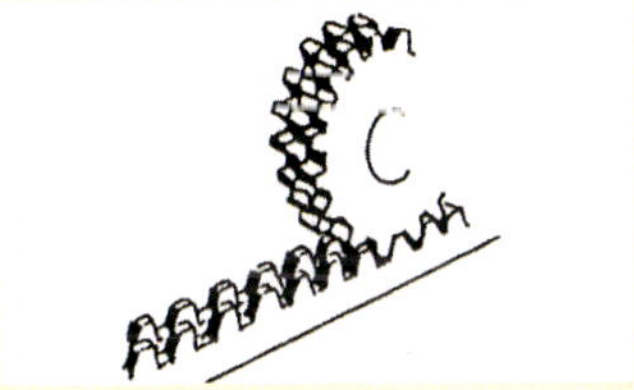

System Abt

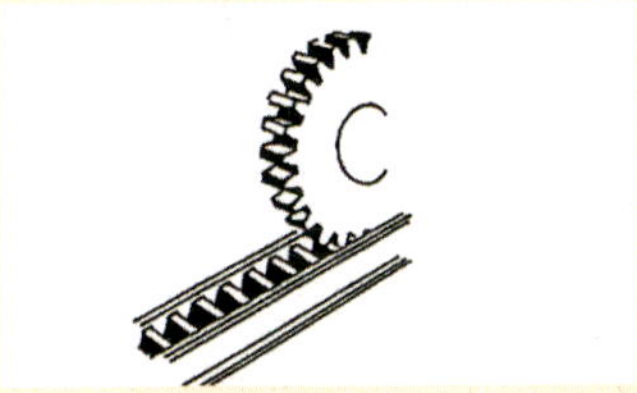

System Riggenbach

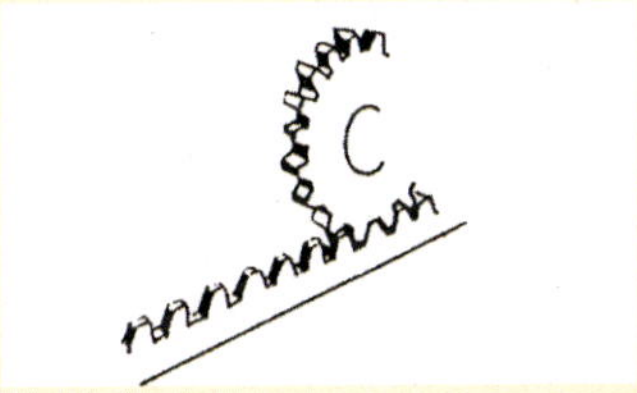

System Strub

Weitere Infos zum Thema Zahnradantrieb und Zahnstangensysteme:
····> www.zahnradbahn.de

Von Zermatt kommend, klettert der Glacier Express beim Aufstieg von Andermatt zum Oberalppass von 1436 Meter auf über 2000 Meter Höhe hinauf.

Wissenswertes über die Schweiz

Ein immer noch wichtiger Wirtschaftszweig in der Schweiz ist die Viehwirtschaft. Geradezu paradiesisch haben es die Kühe inmitten der idyllischen Alpenlandschaft. Kein Wunder, dass der Schweizer Käse weltberühmt ist.

Alles, was man über einen Schweiz-Urlaub wissen sollte – Geschichte, Sprachführer, Essdolmetscher und nützliche Informationen von A bis Z –, ist in diesem Kapitel zu finden.

Geschichte der Strecke

Nach Fertigstellung der Gotthard Bahn im Jahr 1882 gerieten die Bündner Alpenpässe, auf denen noch Fuhrleute mit Zugtieren und Säumer ihren Dienst versahen, ins Abseits. Der Schienenstrang erschloss einen schnelleren Transitweg nach Italien. Graubünden drohte wirtschaftlich abgehängt zu werden. Gab es Alternativen? Ja, sie kamen mit der ersten Eisenbahnstrecke, die der Kanton dem Einsatz eines Ausländers verdankt. Der niederländische Kaufmann, Willem Jan Holsboer (1834–1898) hatte sich zusammen mit seiner lungenkranken Frau in Davos niedergelassen, das schon damals einen ausgezeichneten Ruf als Luftkurort genoss. Die umständliche, anstrengende Anreise brachte ihn darauf, eine Bahnlinie von Landquart über Klosters nach Davos anzuregen. Sie würde sowohl den Einheimischen als auch Kurgästen einen enormen Vorteil bringen. Bald darauf machten die Bahnbefürworter, allen voran Jan Holsboer, Nägel mit Köpfen. Aus finanziellen Gründen entschied man sich zu Gunsten einer Meterspurbahn. Denn die schmalen Gleise erlaubten engere Radien und kleinere Tunnelröhren.

Eine Konzession für die erste Eisenbahnlinie im Kanton Graubünden erhielten Holsboer und seine Mitstreiter 1887. Schon drei Jahre später, 1890, war die Strecke der Landquart-Davos-Bahn (LD) fertig gestellt. Die Verbindung von Chur über Landquart und Buchs zum Bodensee, wo in Lindau und St. Gallen weitere Reisemöglichkeiten in Richtung Norden bestanden, existierte bereits seit 1858. Sie war von den VSB (Vereinigte Schweizer Bahnen) realisiert worden. Zwischenzeitlich konstituierte sich die LD neu: Ab 1894 nannte sie sich Rhätische Bahn. Das Ziel der neuen Gesellschaft lag in der Schaffung eines bündnerischen Eisenbahnnetzes. Die ersten Erfolge gaben den Bahninitiatoren, allen voran Jan Holsboer, Recht. Mit der Eisenbahn kam der Warenaustausch in Schwung, und es reisten, wie auch anderenorts in der Schweiz, die Touristen vermehrt in die Berge. Luxushotels entstanden nicht nur in Davos. Nun sollte das Netz der Rhätischen Bahn weiter wachsen.

Holsboer setzte sich stark für die Ausweitung des Bündner Schienennetzes ein. Seine ursprüngliche Vision bestand darin, eine alpenquerende Transitbahn von Landquart über Davos und den Scalettapass in das Engadin zu schaffen. Von hier aus sollte der Schienenstrang über den Malojapass durch das Bergell bis zum italienischen Städtchen Chiavenna geführt werden. Die Idee Holsboers konkurrierte mit den Plänen lokaler Bahnkomitees, die sich für den Bau einer Albula- bzw. Julierbahn stark machten. Um die Transitbahn schnellstmöglich verwirklichen zu können, beharrte Holsboer jedoch nicht auf seinen Plänen, sondern bemühte sich um einen Konsens, den er im Albulabahn-Projekt gegeben sah. Fortan galt seine Unterstützung daher dieser Streckenvariante.

Als Nächstes gelang es der RhB, 1896 die Verbindung Landquart–Chur–Thusis zu eröffnen. Weiter ging es dann 1898. In diesem Jahr begannen die Bauarbeiten zur 57 km langen Albulalinie Thusis–St. Moritz, die am 1. Juli 1903 dem Verkehr übergeben werden konnte.

Ab 1903 war also der Abschnitt St. Moritz–Chur komplett befahrbar. Die Erschließung des Teilstücks Reichenau-Tamins–Ilanz begann im Sommer des Jahres 1900. Züge konnten auf diesem Abschnitt ebenfalls schon ab 1903 verkehren. Der rasche Abschluss der Arbeiten war dem Umstand zu verdanken, dass sowohl die Albulabahn als auch die Linie Reichenau-Tamins–Ilanz als »Prioritätslinien« eingestuft waren.

Die nächste Bauphase dauerte von 1906 bis 1914 und betraf folgende Bündner Bahnstrecken: die Verlängerung der Rheintallinie ab Ilanz bis Disentis/Mustér, welche seit 1912 zur Verfügung stand und Bestandteil der Glacier-Express-Route ist, die 1909 eröffnete Strecke Davos–Filisur sowie die 1914 fertig gestellte Unterengadiner Strecke Bever–Scuol-Tarasp. Mit dem Bau dieser Linien vervollständigte die RhB ihr Stammnetz, das eine Länge von insgesamt 276 km aufwies. Was die Traktionsart auf den RhB-Strecken anbelangt, so werden diese seit 1922 alle elektrisch betrieben.

Auch in früheren Zeiten war eine Glacier-Express-Fahrt eine beliebte Unternehmung.

Betrachtet man die Geschichte der Glacier-Express-Strecke weiter, so kommt nun die Furka Oberalp Bahn (FO) ins Spiel. Die Vorgänger dieser Bahngesellschaft schufen mit dem Bau der Linie Disentis/Mustér–Brig eine bedeutende Ost-West-Alpenroute. Die Geschichte der FO begann im Jahr 1910 mit der Gründung der »Compagnie Suisse du chemin de fer de la Furka Brig-Disentis« (BFD). Die Mehrheit der Anteile befand sich in der Hand französischer Anleger. Daher verwundert es nicht, dass die Bauarbeiten 1911 unter Regie eines Pariser Unternehmens starteten. Zuerst lief alles nach Plan. Bereits 1914 konnte die Eröffnung der Strecke Brig–Gletsch gefeiert werden. Doch dann kam der Krieg: Plötzlich versiegte der Finanzstrom aus Frankreich. Die italienischen Arbeiter mussten in ihr Land zurück. Das Projekt kam nicht mehr voran, auch nicht nach dem Ende des Ersten Weltkriegs. Das ehrgeizige Vorhaben mündete 1923 in den Zusammenbruch der Bahngesellschaft. Dank der Unterstützung seitens der Schweizer Bundesregierung und des Kantons Wallis konnte zumindest ein Notbetrieb aufrecht erhalten werden. Der damalige Direktor der Visp Zermatt Bahn, August Marguerat, scharte die Befürworter einer Bahnlinie über den Furka- und Oberalppass um sich. Sie kamen von benachbarten Bahnen, wie der RhB, und den betroffenen Kantonen. Die Mitstreiter bewirkten die Gründung eines Syndikats, welches im April 1925 die Konkursmasse der BFD ersteigerte, mit dem Ziel, die gesamte projektierte Strecke auszubauen und zu betreiben. Bald darauf konstituierte sich die Nachfolgegesellschaft der BFD als Furka Oberalp Bahn (FO).

Die Fertigstellung gelang mit der großzügigen Hilfe des Bundes. Im Juli des Jahres 1926 fuhr dann der erste offizielle Zug über den Oberalp- und Furkapass. In den Wintermonaten war allerdings kein Betrieb möglich. Ein wintersicherer Ausbau erfolgte 1941 lediglich auf der Oberalpstrecke, aus militärischen Gründen:

Bereits 1930 verkehrte ein Zug namens Glacier Express von St. Moritz nach Zermatt.

Das Schweizer Militär hatte in dieser Region Depots und Festungen eingerichtet. Hangverbauungen und Lawinengalerien prägen hier seither das Erscheinungsbild der Bahntrasse. Die strategische Bedeutung der Strecke brachte auch ihre rasche Elektrifizierung in den Jahren 1940 bis 1941 mit sich.

Zwischen Oberwald und Realp blieb die Furka-Bergstrecke allerdings nach wie vor im Winter geschlossen. In lawinengefährdeten Abschnitten, es waren nicht wenige, montierten die Eisenbahner Jahr für Jahr die gesamte Fahrleitung vor dem Wintereinbruch ab, um sie bis zum nächsten Sommer an einem geschützten Ort aufzubewahren. Die alljährliche Betriebspause auf der Furka-Bergstrecke währte acht Monate lang. Wie sollte die FO da auf ihre Kosten kommen? Kein Wunder also, dass die Betreiber diesem Umstand irgendwann ein Ende bereiten wollten. Anfang der Siebzigerjahre war es endlich so weit. Unter Federführung des damaligen Schweizer Verkehrsministers Roger Bonvin gab es grünes Licht für den Furka-Basistunnel. Wegen der problematischen geologischen Verhältnisse gestalteten sich die Arbeiten jedoch außerordentlich schwierig. Doch rund zehn Jahre später hatten sich die Bautrupps durch den Berg gekämpft. Die Eröffnung des 15,4 km langen Tunnels erfolgte am 26. Juni 1982. Seither überwindet der Glacier Express den Furkapass im Tunnel.

Doch was wurde aus der Furka-Bergstrecke? Sie fiel zunächst in einen Dornröschenschlaf. Ein Jahr nach Betriebsende, 1982, taten sich einige Privatleute zusammen und gründeten einen Verein, der sich die Instandsetzung und den Betrieb der Bergstrecke zum Ziel machte. Aus ihm entstand eine Aktiengesellschaft mit dem Namen »Dampfbahn Furka Bergstrecke« (DFB), die von der FO alle betreffenden Eisenbahnanlagen übernahm. In unzähligen freiwilligen Arbeitsstunden setzten die Bahnenthusiasten der DFB die Bergstrecke wieder in Stand und bewerkstelligten 1990 sogar die Rückführung zweier ehemaliger Furka-Dampfloks der Baureihe HG 3/4 aus Vietnam. Bis 1992 war das erste Stück der Bergstrecke hergerichtet. Mittlerweile kann die DFB auf dem gesamten Abschnitt zwischen Realp und Gletsch in den Sommermonaten einen Dampfbetrieb anbieten.

Nach diesem Abstecher in die Geschichte der Furka-Bergstrecke nun zurück zum Abschnitt Brig–Zermatt: Diese beiden Ortschaften waren nicht von Anfang an mit einem durchgehenden Gleis verknüpft. Vielmehr konzentrierten sich die Bemühungen um eine Eisenbahn zunächst auf die Verbindung Visp–Zermatt. Das Dorf am Fuße des Matterhorns hatte nach der Erstbesteigung des Berges im Jahr 1865, ein Ereignis, das einen ungeheuren Presserummel auslöste, Weltberühmtheit erlangt. Seither begab sich Jahr für Jahr eine große Zahl von Touristen auf den Weg nach Zermatt – eine recht strapaziöse Reise, denn zwischen St. Niklaus und Zermatt gab es nur einen schmalen Saumpfad. Reisende kamen hier nur auf Schusters Rappen voran, in Begleitung eines Packpferdes oder Mulis. Um diesem Umstand abzuhelfen, bemühten sich zwei Bankhäuser im Jahr 1886 um die Konzessionierung einer Bahnlinie zwischen Visp und Zermatt. Zunächst war eine 750-mm-Schmalspurbahn geplant mit reinem Sommerbetrieb während der Monate Juli bis September. Die Konzessionsbewilligung erfolgte noch im selben Jahr, allerdings unter der Bedingung, dass von Mai bis Oktober gefahren und die Spurweite auf 1000 mm erweitert würde. Im Sommer des darauf folgenden Jahres, 1887, begannen die Ingenieure mit der Vermessung des Geländes. Im Oktober 1888 kam es zur Gründung der »Compagnie du Chemin de Fer de Viège à Zermatt SA« (VZ). Der 7 km lange Abschnitt Visp–Stalden war nach einer Bauzeit von zwei Jahren fertig, etappenweise kamen weitere Teilstrecken hinzu. Am 6. Juli 1891 fuhr der erste offizielle Zug von Visp nach Zermatt. Gerne hätte die VZ ihre Bahnstrecke schon bald elektrifiziert gesehen, doch der äußerst knappe Finanzrahmen der Bahngesellschaft und das Ausbleiben der Fahrgäste während des Ersten Weltkriegs verhinderten dieses Vorhaben zunächst. Ab Mitte der Zwanzigerjahre ging es wieder vorwärts. Immer hatte es Überlegungen hinsichtlich eines Winterbetriebs gegeben. 1927/28 probierte die VZ einen solchen erstmals aus. In den Folgejahren entstanden mit Hilfe von Fördergeldern des Bundes etliche Kunstbauten, die auch einen sicheren Betrieb während der Wintermonate garantieren sollten. Ab 1933 schickte die VZ ihre Züge dann ganzjährig nach Zermatt.

Bei der Installation des Fahrdrahtes, die 1929 abgeschlossen war, orientierte sich die Bahngesellschaft am Netz der RhB, die ihre Stammstrecken mit 11 kV, 16 2/3 Hz versorgte. Und wie stand es zu dieser Zeit um die Lücke zwischen Brig und Visp? Hatte man nur an die Gäste gedacht, die über das Rhônetal nach Zermatt reisten? – Anfangs vielleicht schon. Doch die wachsende Attraktivität der Alpen, insbesondere der sich allmählich etablierende Skisport, ließ die Bahnbetreiber auf mehr hoffen. Für das Ergänzungsstück Visp–Brig beantragte die VZ 1928 eine Konzession, die im selben Jahr bewilligt wurde. Bald darauf begannen die Bauarbeiten, so dass schließlich im Sommer 1930 die Gesamtstrecke Brig–Zermatt für den Zugverkehr freigegeben wurde. Ebenfalls im Jahr 1930 verkehrte erstmals ein Zug mit dem Namen Glacier Express von St. Moritz nach Zermatt.

Die Eisenbahngesellschaft VZ wurde im Jahr 1962 in die BVZ umgewandelt, die »Compagnie du Chemin de Fer Brigue-Viège-Zermatt«. Bis Ende 2002 waren die drei Unternehmen BVZ, FO und RhB an der Betriebsabwicklung des Glacier Express beteiligt. Am 1. Januar 2003 fusionierten die BVZ und FO dann zur Matterhorn Gotthard Bahn (MGB). Seither tragen die Zahnrad-Lokomotiven das Logo der neuen Bahngesellschaft: eine stilisierte Darstellung des Matterhorns.

Nie wieder sprachlos

Hochdeutsch	Walliser Deutsch	Bünder Deutsch	Rätoromanisch
Wichtige Wörter und Ausdrücke			
Ja	*Ja*	*Jo*	*gea*
Nein	*Nei*	*Nei*	*na*
Bitte	*Bitte*	*Bitte*	*per plaschair*
Danke	*Merci*	*Tanka*	*grazia*
Und	*Und*	*Und*	*e, ed (vor Vokal)*
Wie bitte?	*Wiä bitte*	*Wai bitte?*	*Co?*
Ich verstehe nicht	*Ich vertschah nit*	*I verstohn net*	*Jau na chapesch betg*
Entschuldigung	*Pardo*	*Exküsi*	*Perstgisa*
Guten Morgen	*Guete Morge*	*Guta Morga*	*Bun di*
Guten Tag	*Guet Tag*	*Guata Tag*	*Allegra*
Guten Abend	*Gueten Abed*	*Guata Obig*	*Buna saira (bereits ab Mittag)*
Hallo	*Salü*	*Hoi*	*hallo/ciao*
Ich heiße ...	*Ich heisse*	*I heissa*	*Mes num è ...*
Ich komme aus ...	*Ich chume va*	*I kumma vo*	*Jau vegn da ...*
Wie geht's	*Wiä getts*	*Wia goht's*	*Co vai?*
Danke, gut	*Merci, güet*	*Tanka, guat*	*Bain, grazia.*
Wer, was, welche(r)	*Wer, was, wele*	*Wär, was, wella*	*tgi, tge, tgenin(s), tgenina(s)*
Wie viel	*Wiäviel*	*Wia vil*	*Quant ...?*
Wo ist	*Wa isch*	*Wo isch*	*Nua è ...?*
Wann	*We*	*Wänn*	*Cura ...?*
Wie lange	*Wiä lang*	*Wia lang*	*Quant ditg ...?*
Sprechen Sie Deutsch?	*Redet Ihr Titsch?*	*Redend si Tütsch?*	*Discurris Vus tudestg?*
Auf Wiedersehen	*Ade*	*Uf widerluaga*	*A revair*
heute	*Hitte*	*Hüt*	*oz*
morgen	*More*	*mora*	*damaun*
Zahlen			
1	*Eis*	*Eis*	*in(a)*
2	*Zwei*	*Zwei*	*dus*
3	*Drii*	*Drei*	*trais*
4	*Vier*	*Viar*	*quatter*
5	*Füf*	*Füf*	*tschintg*
6	*Sägsch*	*Sechs*	*sis*
7	*Siebe*	*Siba*	*set*
8	*Acht*	*Acht*	*otg*
9	*Niin*	*Nün*	*nov*
10	*Zäh*	*Zehn*	*diesch*
20	*Zwenzg*	*Zwanzig*	*ventg*
30	*Drissg*	*Drisig*	*trenta*
40	*Vierzg*	*Viarzig*	*quaranta*
50	*Fufzg*	*Füfzig*	*tschuncanta*

Hochdeutsch	Walliser Deutsch	Bünder Deutsch	Rätoromanisch
60	*Sächzg*	*Sächzig*	*sessanta*
70	*Siebezg*	*Sibzig*	*settanta*
80	*Achzg*	*Achzig*	*otganta*
90	*Ninzg*	*Nünzig*	*novanta*
100	*Hunnert*	*Hundert*	*tschient*
500	*Füfhunnert*	*Füfhundert*	*tschintgtschient*
1000	*Tüüsig*	*Tuuig*	*milli*
Wochentage			
Montag	*Mäntag*	*Mäntig*	*glindeschdi*
Dienstag	*Dsiischtag*	*Dsiischtig*	*mardi*
Mittwoch	*Mittwuch*	*Mittwuch*	*mesemna*
Donnerstag	*Donnschtag*	*Donnstig*	*gievgia*
Freitag	*Frittag*	*Friitig*	*venderdi*
Samstag	*Samschtag*	*Samstig*	*sonda*
Sonntag	*Sunntag*	*Sunntig*	*dumengia*
Unterwegs			
Wie weit ist es nach ...?	*Wiä witt is bis üf*	*Wia wit isch es noch*	*Quant lunsch èsi fin ...?*
Wie kommt man nach ...?	*Wiä chunnt me uf*	*Wia kunnt ma noch*	*Co vegn ins a ...?*
Wo ist ...	*Wa isch*	*Wo isch*	*Nua è ...?*
– die nächste Werkstatt	*– d'neegscht Wärchschtatt*	*– dia nächsti Garage*	*– la proxima garascha*
– der Bahnhof/ Busbahnhof	*– dr Bahnhof/ Poschthalteschtell*	*– dr Bahnhof/ Bushaltestell/ Postautohaltestell*	*– la staziun/staziun da bus*
– die nächste Tram/Bus-Station	*– dneegscht Halteschtell*	*– dia nöchsti Haltestell*	*– la proxima fermada da tram/da bus*
– der Flughafen	*– dr Flughafe*	*– dr Flughafa*	*– l'eroport*
– die Touristeninformation	*– ds Verchehrsbüro*	*– ds Verkehrsbüro*	*– l'infurmaziun per turists*
– die nächste Bank	*– d'negscht Bank*	*– dia nöchsti Bank*	*– la proxima banca*
– die nächste Tankstelle	*– d'negscht Tankschtell*	*– dia nöchsti Tankstell*	*– il proxim tancadi*
Wo finde ich ...?	*Wa finni*	*Wo find i*	*Nua chat jau ...?*
– einen Arzt	*– en Dokter*	*– En Tokter*	*– in medi*
– eine Apotheke	*– en Apothek*	*– An Apothek*	*– in'apoteca*
Bitte volltanken!	*Bitte volltanke*	*Bitte volltanka*	*Tancar plain, per plaschair!*
Normalbenzin	*Bliifrii 95*	*Bleifrei 95*	*benzin normal*
Super	*Super*	*Super bleifrei*	*super*

Hochdeutsch	Walliser Deutsch	Bünder Deutsch	Rätoromanisch
Diesel	*Diesel*	*Diesel*	*diesel*
rechts	*rächts*	*Rächts*	*a dretg*
links	*linggs*	*Links*	*a sanester*
geradeaus	*gradüs*	*Gradus*	*a dretg ora*
Ich möchte ein Auto/ein Fahrrad mieten	*Ich wellti es Auto/Velo miäte*	*I möchti es Auto/es Velo miata*	*Jau less prender a fit in auto/in velo.*
Wir hatten einen Unfall	*Mier hent en Unfall khä*	*Miar hend en Umfall khah*	*Nus avain gì in accident.*
Eine Fahrkarte nach xy bitte!	*Aes Bille fer nach xy bitte*	*Es Billet noch xy bitte*	*In bigliet (per ir) a xy, per plaschair!*
Ich möchte xx Euro in Schweizer Franken (Währung) wechseln	*Ich wellti xx Euro in Schwiizer Frangge wächsle*	*I möchti xx Euro in Franka wächsla*	*Jau less stgamiar xx euros en francs svizzers (valuta)*
Hotel			
Ich suche ein Hotel	*Ich süeche äs Hotel*	*I suacha es Hotel*	*Jau tschertg in hotel.*
Ich suche ein Zimmer für xx Personen	*Ich süeche äs Zimmer fer xx Persone*	*I suacha es Zimmer für xx Persona*	*Jau tschertg ina chombra per xx persunas.*
Haben Sie noch Zimmer frei?	*Heder nu äs Zimmer frii*	*Händ Sii no es Zimmer frei?*	*Avais Vus anc chombras libras?*
– für eine Nacht	*– fer e Nacht*	*– für ei Nacht*	*– per ina notg*
– für zwei Tage	*– fer zwei Täg*	*– für zwei Täg*	*– per dus dis*
– für eine Woche	*– fer en Wuche*	*– für ei Wucha*	*– per in'emna*
Ich habe ein Zimmer reserviert	*Ich hä äs Zimmer greserviärt*	*I han es Zimmer reserviart*	*Jau hai reservà ina chombra.*
Wie viel kostet das Zimmer?	*Wevel choschtet das Zimmer*	*Wia tür isch das Zimmer*	*Quant custa la chombra?*
– mit Frühstück	*– mit Zmorget*	*– mit Zmorga*	*– cun ensolver*
– mit Halbpension	*– mit Halbpension*	*– mit Halbpernsion*	*– cun mesa pensiun*
Kann ich das Zimmer sehen?	*Chani das Zimmer gseh?*	*Kann i ds Zimmer aluaga*	*Dastg jau guardar la chombra?*
Ich nehme das Zimmer	*Ich nime das Zimmer*	*I nimma das Zimmer*	*Jau prend la chombra.*
Kann ich mit Kreditkarte zahlen?	*Chani mit dr Charte zahle?*	*Kann i mit Kreditkarte zahla*	*Poss jau pajar cun la carta da credit?*
Haben Sie noch Platz für ein Zelt/einen Wohnwagen?	*Heder nu Platz fer äs Zält/en Wohnwaage*	*Händ Si no Platz für es Zelt/für en Wohnwaga*	*Avais Vus anc plaz per ina tenda/ina rulotta?*

Hochdeutsch	Walliser Deutsch	Bünder Deutsch	Rätoromanisch
Restaurant			
Die Speisekarte bitte	*D'Spiischarte bitte*	*D'Spiiskarta bitte*	*La carta da menu, per plaschair.*
Die Rechnung bitte	*D'Rächnig bitte*	*D'Rechnig bitte*	*Il quint, per plaschair.*
Ich hätte gerne einen Kaffee	*Ich hätti gäre äs Kaffee*	*I hetti gära en Kaffi*	*Jau avess gugent in café.*
Wo finde ich die Toiletten (Damen/Herren)	*Wu isch ds'Gabine (Dame/Herre)*	*Wo isch ds WC/d'Toiletta (Dama/Herra)*	*Nua èn las tua lettas (dunnas/umens)?*
Kellner	*Chällner*	*Källner*	*il camarier*
Frühstück	*Z'morge*	*Z'morga*	*l'ensolver*
Mittagessen	*Z'mittag*	*Z'mittag*	*il gentar*
Abendessen	*Z'nacht*	*Z'nacht*	*la tschaina*
Einkaufen			
Wo gibt es?	*Wa gitts?*	*Wo hät's*	*Nua datti ...?*
Haben Sie?	*Hed ehr*	*Hand Si*	*Avais Vus ...?*
Wie viel kostet das?	*Wevel choschtet das?*	*Wia tür isch das*	*Quant custa quai?*
Das ist zu teuer.	*Das isch z'tiir*	*Das isch z'tür*	*Quai è memia char.*
Geben Sie mir bitte 100 g/ein Pfund/ein Kilo	*Gäbet mer bitte 100 g/äs Pfund/äs Kilo*	*Gänd Sii miar bitte 100 g/es Pfund/es Kilo*	*Ma dai per plaschair 100 g/in mez kilo/in kilo*
Danke, das ist alles	*Merci, das isch alls*	*Tanka, das isch alles*	*Grazia, quai è tut.*
geöffnet/geschlossen	*Offe/gschlosse*	*Göffnet/gschlossa*	*avert / serrà*
Bäckerei	*Beckeri*	*Bäckerei*	*la pasternaria*
Kaufhaus	*ds'Magasi*	*Warahuus*	*la butia*
Markt	*Märt*	*Markt*	*la fiera*
Metzgerei	*Metzg*	*Metzgerei*	*la mazlaria*
Haushaltswaren	*Hüshaltsartikel*	*Huushaltartikel*	*rauba per il tegnairchasa*
Lebensmittelgeschäft	*Läbensmittelgscheft*	*Läbesmittelgschäft*	*la butia da mangiativas*
Briefmarken für einen Brief/eine Postkarte nach Deutschland/Österreich/	*Margge fer en Briäf en Poschtcharte fer uf Ditschland/Oeschterich*	*Marka für en Briaf a Ansichtskarte noch Tütschland/Öschtriich/*	*marcas postalas per ina brev ina carta postala per la Germania/l'Austria*
innerhalb der Schweiz	*in d'Schwiiz*	*in dr Schwiiz*	*a l'intern da la Svizra*

Die wichtigsten kulinarischen Begriffe

Schweizerdeutsch

Beiz: Kneipe
Blätzli: Schnitzel
Bölle: Zwiebel
chabis (Kabis): Kohl
chefe: Zuckererbsen
Cup: Eisbecher
Cüppli: Champagner im Glas
Depot: Pfand bei Mehrwegflaschen
Gipfeli: Hörnchen
Gummel: Kartoffel
Hacktätschli: Boulette
Hamme: Schinken
Kafi Creem: Kaffee mit Sahne
Kafi mit Siitewage: (Kaffee mit Seitenwagen) Kaffee mit Schnaps
Lauch: Porree
Müesli: von Dr. Bircher erfundene Diätspeise (Bircher-Müsli)
natüür: ohne Zusatz, pur
Nüsslisalat: Feldsalat
Paprika: Paprikapulver
Pariiser Brot: Baguette
Patisserii: süßes Gebäck
Peperoni: Gemüsepaprika
Pulee: Hühnchen
Raam: Sahne
Rande: Rote Beete
Rööschti: Bratkartoffeln
Ruebli: Möhren
Rippli: Eisbein
Römer: 0,1 l Wein im Glas
Schaale Gold: Milchkaffee
Schabziger: scharfer Frischkäse mit Kräutern
Schüfeli: Eisbein
Spanischi Nüssli: Erdnüsse
Stange: kleines Bier vom Fass
Suuser: roter Traubensaft mit geringem Alkoholgehalt
Tschumpeli: 0,2 l Wein im Glas
Tulpe: kleines Bier vom Fass
Vierkantrööschti: Pommes frites
Voorässe: Ragout
Weggli: Brötchen
Zapfezier: Korkenzieher
Ziger: Frischkäse
Zmittag: Mittagessen
Zmorge: Frühstück
Znacht: Abendessen
Zuggetti: Zucchini

Rätoromanisch

agni: Lamm
anda: Ente
ansiel: Kitz
anugl: Hammel
armal (Plur. armauls): Rind
aua minerala: Mineralwasser
auca: Gans
banane: Banane
biera: Bier
biera clara: helles Bier
biera stgira: dunkles Bier
bizochels: Teigknollen, Spätzle
bov: Ochse
buglia meila: Apfelmus
buglion gaglina: Hühnerbrühe
bulius mellens: Pfifferlinge
bulzani: Kaiserschmarrn
caduscal: Hähnchen
caffè: Kaffee
calun: Keule (vom Truthahn, vom Lamm etc.)
canedels: Knödel
capuns: Krautknödel
cardifiol: Blumenkohl
carpiun: Karpfen
carn: Fleisch
carn freida: kaltes Fleisch
carn manizzada: Hackfleisch
caschiel: Käse
cavriel: Reh
chiguolla: Zwiebel
cotletta viennesa: Wiener Schnitzel
cunegl: Kaninchen
dies: Rücken (vom Schwein, vom Lamm etc.)
farbuns: Erdbeeren
finotg: Fenchel
fraia: Erdbeere
fretg: Frucht
gaglina: Huhn
galdin: Truthahn
gentar: Mittagessen
gervosa: Bier
glischun: Hecht
gnocs: Klößchen

gurka: Gurke
in taglier puolpa: Bündnerteller
latg: Milch
lieur: Hase
ligiongia da barsar: Bratwurst
ligiongias: Wurstwaren
limun: Zitrone
litgiva: Forelle
meil: Apfel
meilinterra: Kartoffel
maluns: Mehl- und Kartoffelspeise
nitscholas: Haselnüsse
nudels: Teigklöße
nuschs: Walnüsse
oranja: Orange
patlaunas: Fasnachtküchlein
paun: Brot
pera: Birne
pez: Brust (vom Huhn, vom Truthahn etc.)
piertg: Schwein
pischada: Butter
puaunas: Himbeeren
puolpa: Bündner Fleisch
ris en latg: Milchreis
salata: Salat
salata da fretgs: Obstsalat
salm: Lachs
spisa e bubronda: Speis und Trank
stizun: Einkaufsladen
suc d'oranschas: Orangensaft
suppa da bulius: Pilzsuppe
suppa da fidelins: Nudelsuppe
suppa da giutta: Gerstensuppe
suppa d'arveglia: Erbsensuppe
suppa da verduras: Gemüsesuppe
suppa da tomatas: Tomatensuppe
suppa da tschaguolas: Zwiebelsuppe
tagliarins: selbst gemachte Nudeln
tartuffels frittads: Pommes frites
tatsch: Mehlspeise
te: Tee
tschaguolas: Zwiebeln
tomata: Tomate
ton: Tunfisch
truffels: Kartoffeln
tschanc: Hammel
tscheina: Abendessen
tschereschas: Kirschen
tschierv: Hirsch
tschugalata: Schokolade
tschut: Lamm
tuargia: Konfitüre
tustgets: Schmalzküchle
ustria: restaurant
vadi: Kalb
verdura: Gemüse
veschlas da meila: Apfelküchlein
vin: Wein
vin alv: Weißwein
vin tgietschen: Rotwein
zetga: Kürbis

Maße und Gewichte

tschien grams: 100 Gramm
ina quarta glivra: ein Viertelpfund
ina (mesa) glivra: ein (halbes) Pfund
in (miez) kilo(gram): ein (halbes) Kilo
in quart liter: ein Viertelliter
in (miez) liter: ein (halber)Liter
ina butteglia: eine Flasche
ina cuppa, bescla: eine Dose
enzaconts: einige Stücke
in per: ein Paar
ina rolla: eine Rolle
in scarnuz: eine Tüte
in toc(s): ein Stück
in tozzel: ein Dutzend
ina tuba: eine Tube

Redewendungen

Nua sai jeu cumprar ...?
– Wo kann ich ... kaufen?
Nua eis ei in bien negozi special per ...?
– Wo gibt es ein gutes Spezialgeschäft für ...?
Saveis vus mussar zatgei auter a mi?
– Zeigen Sie mir bitte etwas anderes!
Quei ei memia bia.
– Das ist zu viel.
Quei ei memia pauc.
– Das ist zu wenig.
Jeu vess bugen ina retschevida/quitanza.
– Ich möchte eine Quittung.

Nützliche Adressen und Reiseservice

Auf einen Blick

Einwohnerzahl: 7,3 Mio.
Fläche: 41 293 qkm
Religion: 40 % sind Protestanten (Calvinisten), 46,1 % Katholiken.
Sprachen: Schweizerdeutsch, Französisch, Italienisch, Rätoromanisch (aus dem Vulgärlatein entstanden)
Verwaltungseinheiten: Die Schweiz gliedert sich in 26 Kantone mit über 3000 Gemeinden. Von der lateinischen Bezeichnung Confoederatio Helvetica (für Schweizerische Eidgenossenschaft) leitet sich die Abkürzung CH ab, das Nationalitätskennzeichen der Schweiz.
Wirtschaft: Die Schweiz ist arm an Bodenschätzen und Rohstoffen. Daher liegt der Schwerpunkt von jeher auf den Sektoren Handel, Dienstleistung und Veredelung von Industrieprodukten. Ein wesentlicher Wirtschaftsfaktor ist der Tourismus.
Glacier Express-Stationen: St. Moritz, Filisur, Chur, Disentis/Mustér, Andermatt, Brig, Täsch, Zermatt
Durchfahrene Kantone: Graubünden, Uri, Wallis
Länge der Strecke: 288 km
Dauer der Zugfahrt: etwa 7,5 Std.
Fahrkartenbezug: am Schalter aller schweizerischen Stationen und in größeren Bahnhöfen in Deutschland und Österreich oder über Reiseveranstalter. Online-Buchung mit Kreditkarte: www.glacierexpress.ch.

Anreise

Mit dem Zug

Aus Deutschland und Österreich bestehen viele Eurocity-Verbindungen nach Zürich. Ist man dort angekommen, kann man seine Reise nach St. Moritz in einem Schnellzug oder Intercity der Schweizerischen Bundesbahn fortsetzen, die nahezu stündlich fahren. Im Bahnhof Chur muss umgestiegen werden. Hier treffen die normalspurigen SBB-Gleise auf das Meterspurnetz der RhB.

Mit dem Flugzeug

Etwa 5 km von St. Moritz entfernt liegt der Flugplatz von Samedan. Dieser Regionalflughafen besteht seit über 70 Jahren und ist mit seiner Lage auf 1707 m ü. M. der höchstgelegene Europas.

Ab Zürich besteht von Mitte Dezember bis Ostern eine Linienflugverbindung nach Samedan. Reisende aus Deutschland und Österreich können also in der Hochsaison bis Zürich fliegen und dort in eine Maschine nach Samedan umsteigen. Darüber hinaus steuern Charterflugzeuge den Regionalflughafen Oberengadin von vielen anderen europäischen Orten aus an.

Auf dem Flugplatz haben auch die Air Grischuna AG und die Heli Bernina AG ihre Stützpunkte. Diese Unternehmen bieten, ebenso wie die in Zermatt anssässige Air Zermatt, Helikopter-Rundflüge an.

Flugplatz Oberengadin
→ S. 121, E 11

Plazza Aviatica 2,
7503 Samedan,
Tel. 0 81/8 51 08 51,
Fax 0 81/8 15 08 59;
www.engadin-airport.ch

Air Zermatt → S. 116, C 3/4
Heliport Zermatt,
Spissstr. 107;
3920 Zermatt
Tel. 0 27/9 66 86 86,
Fax 0 27/9 66 86 85;
www.air-zermatt.ch

Vom Flugplatz nach St. Moritz

Am Flugplatz von Samedan besteht die Möglichkeit, gleich nach der Landung in einen Smart umzusteigen. Mit diesem kompakten Fahrzeug hat man selbst in den engen Gassen von St. Moritz keine größeren Probleme durchzukommen. Der Preis beträgt inkl. Versicherung für einen halben Tag (bis zu 4 Std.) 30 CHF, für einen ganzen Tag (ab 4 Std.) 60 CHF. Auch Online-Reservierung ist möglich: www.engadin-airport.ch.

Mit dem Bus

Das Postbusverzeichnis der Schweiz ist Bestandteil des Offiziellen Kursbuches. Die Fahrzeiten sind in der Regel bestens auf die Eisenbahnfahrpläne abgestimmt, so dass die Kombination beider Verkehrsmittel wärmstens empfohlen werden kann. Postbusse fahren auch in solche Bergregionen, die nicht von der Eisenbahn erschlossen sind.

Mit dem PKW

Um die Schweizer Autobahnen befahren zu dürfen, kauft man sich am besten gleich am Grenzübergang eine entsprechende Vignette. Sie kostet 40 CHF. Die Anreise mit dem PKW aus Deutschland erfolgt in der Regel über Zürich oder via Bregenz (mit einer kurzen Etappe auf der Regionalstraße durch Liechtenstein) bis Thusis auf der Autobahn. Von da ab folgt man im Sommer auf der Nationalstraße dem Lauf der Albula via Filisur und Preda über den gleichnamigen Pass, der im Winter gesperrt ist. Einen alternativen Durchschlupf ins Engadin bietet der Vereina-Eisenbahntunnel bzw. die Autoschleuse von Klosters nach Sagliains/Zernez. Von dort aus geht es in südlicher Richtung über Samedan nach St. Moritz. Aus Österreich erfolgt die Anreise mit dem eigenen PKW über Landeck und das Inntal.

Nebenkosten in Euro
(umgerechnet in €)

1 Tasse Kaffee	2,20
1 Bier	1,70
1 Orangensaft (gepresst)	3,80
1 Brot (ca. 500 g)	2,70
1 Schachtel Zigaretten	4,00
1 Liter Benzin	1,09
Taxifahrt/Grundpreis plus 2,12/km (in Chur)	4,85
Mietwagen/Tag	ab 43,00

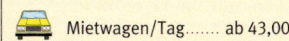

Stand: Dezember 2007

Auskunft

Schweiz Tourismus
Tel. 00 8 00/1 00 20 03 0 (gebührenfrei),
Fax 00 8 00/100 200 31 (gebührenfrei);
www.myswitzerland.com;

Anschriften in Deutschland:
Rothenbaumchaussee 95,
20148 Hamburg, Tel. 0 40/33 07 31

Rossmarkt 23, 60311 Frankfurt a. M.;
Tel. 0 69/25 60 01 30

Marienstraße 15, 10117 Berlin;
Tel. 0 30/24 72 47 06

Steinsdorfstr. 20, 80538 München;
Tel. 0 89/28 65 99 03

Anschrift in Österreich:
Neuer Markt 4, 1015 Wien;
Tel. 01/5 13 26 40 11

Kur- und Verkehrsverein St. Moritz → S. 38, b2
Via Maistra 12,
7500 St. Moritz;
Tel. 0 81/8 37 33 33, Fax 0 81/8 37 33 77;
www.stmoritz.ch

Chur Tourismus → S. 54, b 2/3
Grabenstr. 5, 7000 Chur;
Tel. 0 81/2 52 18 18, Fax 0 81/2 52 90 76;
www.churtourismus.ch

Sedrun Disentis Tourismus
→ S. 119, D 6
Via Alpsu 62, 7188 Sedrun;
Tel. 0 81/9 20 40 30, Fax 0 81/9 20 40 39;
www.disentis-sedrun.ch

Andermatt Tourismus → S. 118, C 7
Gotthardstraße 2, 6490 Andermatt:
Tel. 0 41/8 87 14 54, Fax 0 41/8 87 01 85:
www.andermatt.ch

Verkehrsbüro Brig → S. 117, E 1/2
Bahnhofplatz 1, 3900 Brig, Postfach 688;
Tel. 0 27/9 21 60 30, Fax 0 27/9 21 60 31

Zermatt Tourismus → S. 92, b 1
Bahnhofplatz 5, 3920 Zermatt;
Tel. 0 27/9 66 81 00, Fax 0 27/9 66 81 01;
www.zermatt.ch

Bahnauskunft

Das dreibändige Offizielle Kursbuch der Schweiz für Eisenbahn, Bergbahnen, Schiffe und Postbus ist entweder in Buchform oder als CD-Rom in allen Schweizer Bahnhöfen erhältlich.

SBB AG
Schweizerische Bundesbahnen
Division Personenverkehr;
Brückfeldstr. 16; 3000 Bern 65;
Rail Service (1,19 CHF/Min.)
Tel. 0900 300 300; Infos: www.sbb.ch

MGB → S. 117, E 1/2
Matterhorn Gotthard Bahn
Reservationsstelle Glacier Express
Nordstr. 20, 3900 Brig; Tel. 0 27/9 27 77 77,
Fax 0 27/9 27 77 79;www.mgbahn.ch
Buchung frühestens 3 Monate vor Abreise

RhB → S. 54, b 2
Rhätische Bahn
Bahnhofstr. 25, 7002 Chur;
Tel. 0 81/2 88 61 04, Fax 0 81/2 88 61 05;
www.rhb.ch

Die MGB und RhB bieten regelmäßig Nostalgiereisen mit historischem Rollmaterial an, auch Dampflokfahrten, an denen insbesondere Familien mit Kindern ihren Spaß haben.

Reservierung im Speisewagen
Rail Gourmino Swiss Alps AG
Gürtelstr. 14, 7000 Chur;
Tel. 0 81/3 00 15 15, Fax 0 81/3 00 15 16;
E-Mail: sales@rgswissalps.ch,
www.rgswissalps.ch

Buchtipps

Wer sich mit schönen Bildern auf die Fahrt mit dem Glacier Express einstimmen möchte, liegt mit diesem Buch richtig. An eine kurze Einleitung mit Informationen zur Geschichte des Zuges und zur Strecke schließt sich ein reichhaltiger Bilderbogen an. Klaus Fader, »**Glacier Express**« (Franckh-Kosmos Verlag, 2000).

Egal, welche der schweizerischen Bahnstrecken gerade befahren wird, dieser Schienenatlas des Autors Hans G. Wägli weiß alles über sie zu erzählen: Spurweite, Baujahr, Streckenprofil, Anzahl der Brücken, Tunnels usw. Ein sehr informatives Buch, das Eisenbahnfreunde nicht mehr missen wollen, wenn sie einmal darin geschmökert haben: »**Schienennetz Schweiz – Ein technisch-historischer Atlas**« (AS Verlag & Buchkonzept AG, 1998).

Mehr als sechzig Jahre verbrachte der gebürtige Württemberger Hermann Hesse in der Schweiz. 1924 wurde er sogar Schweizer Staatsbürger. Eindrücke, die der Schriftsteller auf seinen Reisen durch die Wahlheimat sammeln konnte, schildert er in diesem Buch: »**Beschreibung einer Landschaft – Schweizer Miniaturen**« (Suhrkamp Verlag, 1990).

Diplomatische Vertretung

Deutsche Botschaft
Postfach 250, 3000 Bern 16;
Tel. 0 31/3 59 41 11,
Fax 031/3 59 44 44;
www.deutsche-botschaft.ch

Österreichische Botschaft
Kirchenfeldstr. 77/79, 3006 Bern;
Tel. 0 31/3 56 52 52,
Fax 0 31/3 51 56 64;

Feiertage

Die Feiertage sind in der Schweiz von Kanton zu Kanton individuell geregelt, gemäß dem Anteil der Konfessionen. Daher kommt es zu Abweichungen zu den in Deutschland und Österreich geltenden Feiertagen, außerdem gibt es nur wenige einheitliche Feiertage, die gesetzlich verankert sind:

1. Januar Neujahr
Ostermontag
Christi Himmelfahrt
Pfingstmontag
Fronleichnam Feiertag im katholischen Wallis
1. August Nationalfeiertag
15. August Maria Himmelfahrt, Feiertag im katholischen Wallis
3. Sonntag im September eidgenössischer Buß- u. Bettag
1.November Allerheiligen, Feiertag im katholischen Wallis
25. und 26. Dezember Weihnachten

Geld

Den Schweizer Franken (sfr oder CHF) gibt es in Banknoten zu 10, 20, 50, 100, 200 und 1000 CHF sowie Münzen zu 1, 2 und 5 CHF. Hinzu kommt das Kleingeld zu 5, 10, 20 und 50 Rappen. 1 CHF sind 100 Rappen. 1 EUR entspricht 1,65 CHF (Stand: November 2007). Die Verwendung einer Kreditkarte als Zahlmittel ist in der Regel in den größeren Hotels, einigen Restaurants und Boutiquen möglich. In manchen Supermärkten wird nur die EC-Karte mit Geheimnummer akzeptiert, in anderen hingegen nur Bargeld. Es ist also empfehlenswert, stets einen Geldbetrag in CHF dabei zu haben, auch für den Kaffee und Kuchen zwischendurch: In den meisten gastronomischen Einrichtungen kann man zwar mit der Kreditkarte bezahlen. In manchen wiederum ist nur Barzahlung möglich. In Tourismusregionen kann man bisweilen auch mit Euro bezahlen. Geldabhebungen mit der EC-Karte und Geheimnummer funktionieren im ganzen Land problemlos.

Wechselkurse

Euro	Franken
0,03	0,05
0,15	0,25
0,29	0,48
0,88	1,45
1,47	2,42
2,93	4,83
7,33	12,08
14,65	24,15
21,98	36,23
29,30	48,30
58,60	96,60
87,90	144,90
146,50	241,50

Stand: Dezember 2007

Internet

Internet-Cafés gibt es in den größeren Städten der Schweiz, beispielsweise in Zürich (eine Übersicht findet man unter: www.worldofinternetcafes.de). Doch haben auch etliche größere Hotels in St. Moritz, Chur und Zermatt ihre Zimmer mit einem Modem-Anschluss ausgestattet.

Medizinische Versorgung

Die Ferienorte St. Moritz und Zermatt sind mit Ärzten aller Fachbereiche bestens versorgt. Die nahe gelegenen Helikopterstützpunkte erweisen sich im Notfall ebenfalls als sehr nützlich, gewährleisten sie doch einen raschen Abtransport von Kranken oder Verletzten in das nächste Krankenhaus. Die Adressen von niedergelassenen Ärzten erfährt man im Bedarfsfall durch das Tourismusbüro oder an der Hotelrezeption.

Notruf
Notarzt: 144
Feuerwehr: 118
Pannendienst: 140
Polizei: 117
Lawinenwarndienst: 187

Öffnungszeiten
In der Regel haben die Geschäfte während der Woche von 8–18.30 Uhr, am Samstag bis 16 Uhr geöffnet. In den Städten bleiben viele Kaufhäuser am Montagvormittag geschlossen. Kleine Geschäfte auf dem Land halten meist Mittagsruhe, diese dauert von 12–13 bzw. 14 Uhr. In den Touristenzentren öffnen manche Läden stundenweise auch an Sonntagen. Die Öffnungszeiten der Banken bewegen sich Mo–Fr zwischen 8.30 und 16.30 Uhr. Am Samstag sind die Banken geschlossen.

Post
Die Post bewerkstelligt den Brief- und Pakettransport sowie die Organisation des öffentlichen Busverkehrs (Postbus). Briefmarken sind in den Poststellen und z. T. auch am Kiosk erhältlich. Priority-Postkarte (kommt in zwei bis vier Tagen an): innerhalb Europas 1,10 CHF und weltweit 1,80 CHF. Ein Standardbrief (Format bis B5, max. 20 g) kostet innerhalb Europas 1,20 CHF, weltweit 1,40 CHF.
www.post.ch

Reisedokumente
Für die Einreise in die Schweiz genügt ein gültiger Personalausweis bzw. ein gültiger Kinderausweis.

Reiseknigge
Es empfiehlt sich, Versuche, die schweizerische Mundart nachzuahmen, unbedingt zu unterlassen.

Reiseveranstalter
Sie sind auf Bahnreisen spezialisiert und offerieren immer wieder Pauschalangebote für eine Glacier-Express-Fahrt samt Übernachtung:

AMEROPA-Reisen GmbH
Hewlett-Packard-Str. 4, 61352 Bad Homburg; Tel. 0 61 72/1 09-0, Fax 0 61 72/109-110; www.ameropa.de

IGE Bahntouristik GmbH & Co. KG
Am Bahngelände 2, 91217 Hersbruck; Tel. 0 91 51/90 55 10, Fax 0 91 51/90 55 90; www.bahntouristik.de

Reisewetter
Die Reise im Glacier Express führt durch hochalpine Gegenden. Rasche Wetterumschwünge sind nicht selten, daher sollte wetterfeste Kleidung mitgeführt werden.

Stromspannung
Haushaltsspannung beträgt 220 V. Doch die deutschen Schukostecker passen nicht in die Steckdosen. Adapter sollte man von zu Hause mitbringen oder im Hotel ausleihen.

Telefon
Vorwahlen: bei Anruf in die Schweiz: 0041, bei Telefonaten aus der Schweiz nach Deutschland: 0049, nach Österreich: 0043. Bei Ortsgesprächen muss man seit 2003 in der Schweiz auch die Vorwahl mitwählen.

Tiere
Hunde müssen mindestens 30 Tage vor Reisebeginn gegen Tollwut geimpft worden sein. Die Impfung darf nicht länger als zwölf Monate zurückliegen (Impfzeugnis mitführen).

Zoll
Zollfreie Einfuhr: Güter des täglichen Bedarfs/Sportgeräte, 200 Zigaretten, 1 l Schnaps, 2 l Bier/Wein, Geschenke bis 100 CHF. Ausfuhr in die EU-Länder: Andenken bis 175 EUR, 500 g Kaffee, 1 l Schnaps, 2 l Wein, 100 g Tee, 200 Zigaretten, 50 g Parfüm. Weitere Informationen erhalten Sie unter www.zoll.de, wwwbmf.gvat/zoll und www.zoll.ch.

Kartenatlas

Orientierung leicht gemacht: mit Planquadraten und allen Orten und Sehenswürdigkeiten.

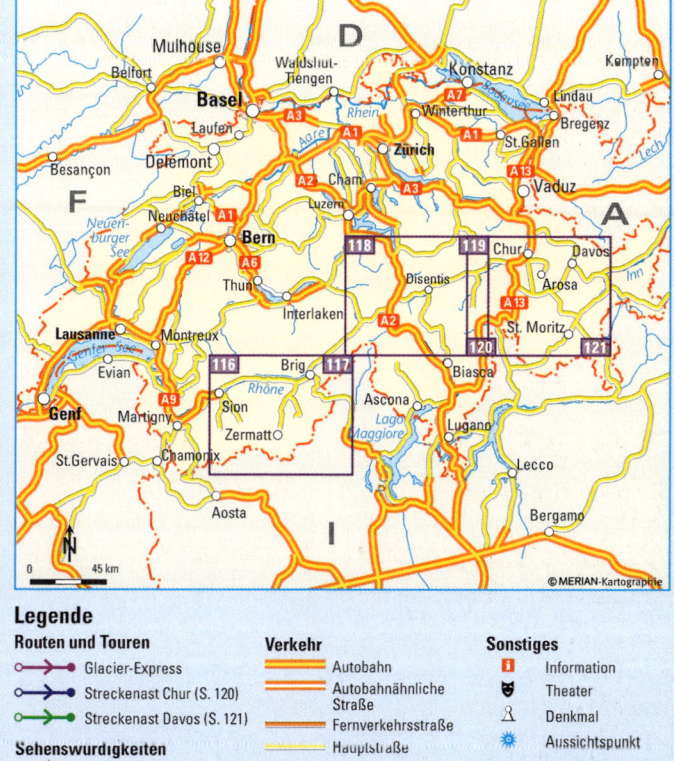

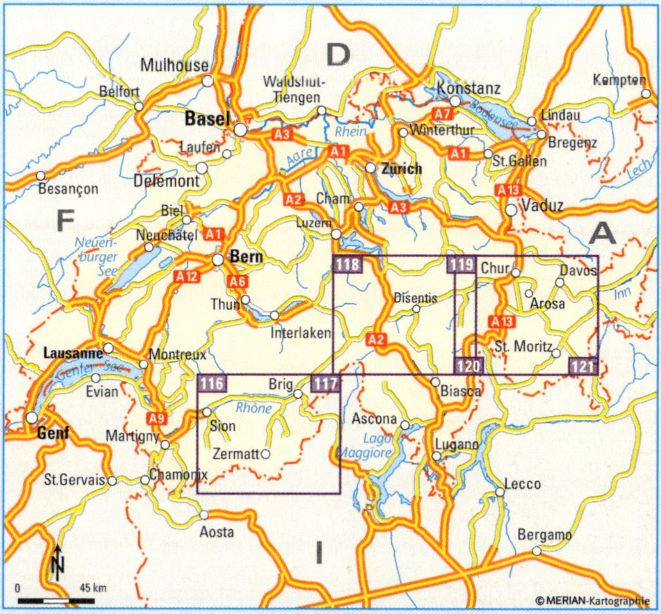

Legende

Routen und Touren

- Glacier-Express
- Streckenast Chur (S. 120)
- Streckenast Davos (S. 121)

Sehenswürdigkeiten

- MERIAN-TopTen
- MERIAN-Tipp
- Sehenswürdigkeit, öffentl. Gebäude
- Sehenswürdigkeit Kultur
- Sehenswürdigkeit Natur
- Kirche; Kloster
- Schloss, Burg; Ruine
- Museum
- Camping
- Höhle

Verkehr

- Autobahn
- Autobahnähnliche Straße
- Fernverkehrsstraße
- Hauptstraße
- Nebenstraße
- Unbefestigte Straße, Weg
- Fußgängerzone
- Parkmöglichkeit
- Bahnhof
- Flughafen
- Flugplatz

Sonstiges

- Information
- Theater
- Denkmal
- Aussichtspunkt
- Weinanbaugebiet
- Friedhof
- Nationalpark
- Naturpark

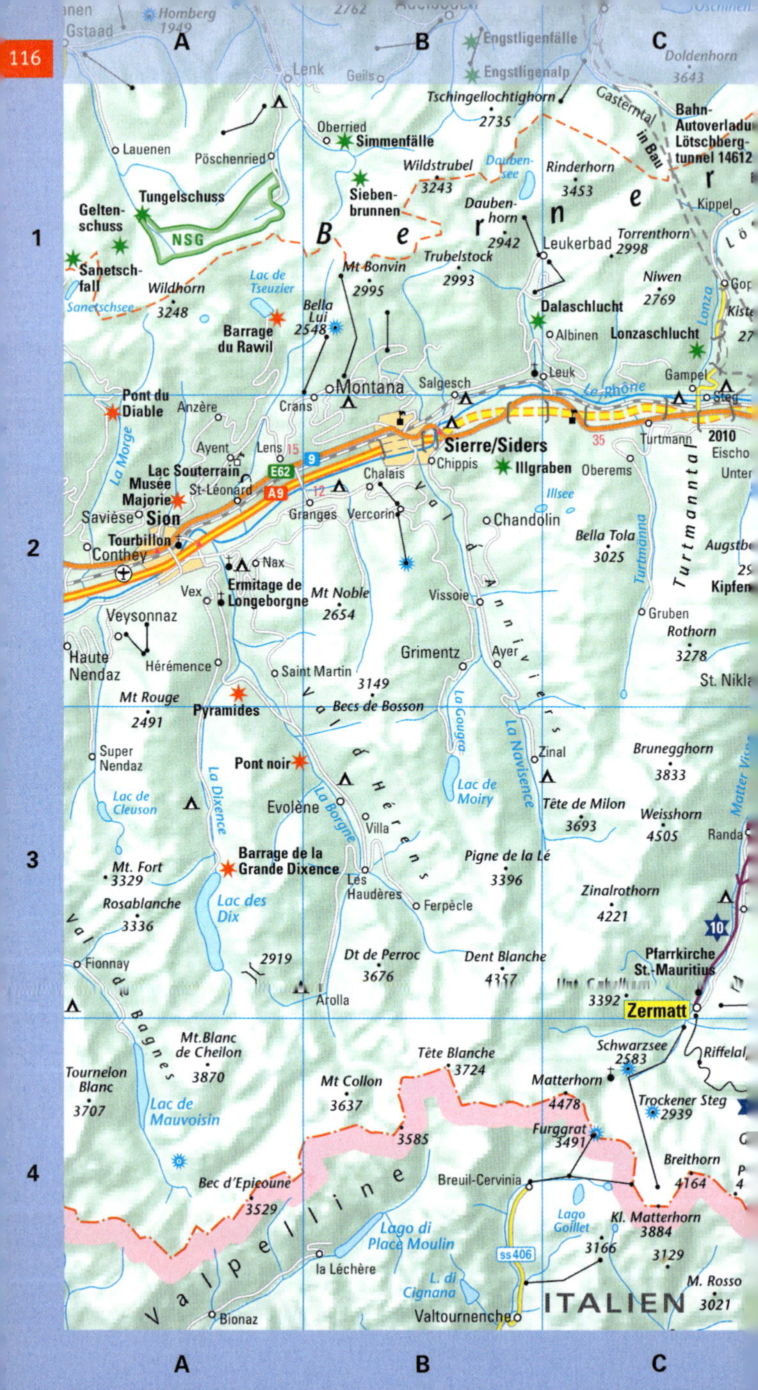
A
B
C
1
2
3
4
Gstaad
Homberg 1949
Lenk
Geils
Engstligenfälle
Engstligenalp
Doldenhorn 3643
Tschingellochtighorn
2735
Gasterntal
in Bau
Bahn-Autoverlad
Lötschberg-tunnel 14612
Lauenen
Pöschenried
Oberried
Simmenfälle
Wildstrubel 3243
Daubensee
Rinderhorn 3453
Tungelschuss
Geltenschuss
NSG
Siebenbrunnen
Daubenhorn 2942
Kippel
B e r n e r
Leukerbad
Torrenthorn 2998
Sanetschfall
Sanetschsee
Wildhorn 3248
Lac de Tseuzier
Mt Bonvin 2995
Trubelstock 2993
Niwen 2769
Lonza
Bella Lui 2548
Barrage du Rawil
Dalaschlucht
Albinen
Lonzaschlucht
Leuk
Gampel
Steg
Montana
Salgesch
Le Rhône
Pont du Diable
Anzère
Crans
Turtmann
2010
La Morge
Ayent
Lens
15
9
Sierre/Siders
35
Eischo
Chippis
Illgraben
Oberems
Lac Souterrain
Musée Majorie
E62
A9
St-Léonard
Chalais
12
Illsee
Savièse
Sion
Granges
Vercorin
Chandolin
Tourbillon
Conthey
Bella Tola 3025
Turtmänna
Turtmanntal
Augstbo
Nax
Val d'Anniviers
Vex
Ermitage de Longeborgne
Mt Noble 2654
Vissoie
Kipfen
Veysonnaz
Gruben
Rothorn 3278
Haute Nendaz
Hérémence
Saint Martin
Grimentz
Ayer
3149
St. Nikla
Mt Rouge 2491
Pyramides
Becs de Bosson
La Gougra
La Navisence
Super Nendaz
Pont noir
Zinal
Bruneggorn 3833
Lac de Cleuson
La Dixence
Val d'Hérens
La Borgne
Lac de Moiry
Tête de Milon 3693
Weisshorn 4505
Evolène
Villa
Randa
Mt. Fort 3329
Barrage de la Grande Dixence
Pigne de la Lé 3396
Les Haudères
Zinalrothorn 4221
Rosablanche 3336
Lac des Dix
Ferpècle
10
Fionnay
2919
Dt de Perroc 3676
Dent Blanche 4357
Pfarrkirche St.-Mauritius
Arolla
3392
Zermatt
Val de Bagnes
Mt.Blanc de Cheilon 3870
Tête Blanche 3724
Schwarzsee 2583
Riffelal
Tournelon Blanc 3707
Mt Collon 3637
Matterhorn 4478
Lac de Mauvoisin
Trockener Steg 2939
3585
Furggrat 3491
Breithorn 4164
Bec d'Epicoune 3529
Breuil-Cervinia
Lago Goillet
Kl. Matterhorn 3884
Valpelline
Lago di Place Moulin
3166
3129
la Léchère
ss406
L. di Cignana
M. Rosso 3021
Bionaz
Valtournenche
ITALIEN

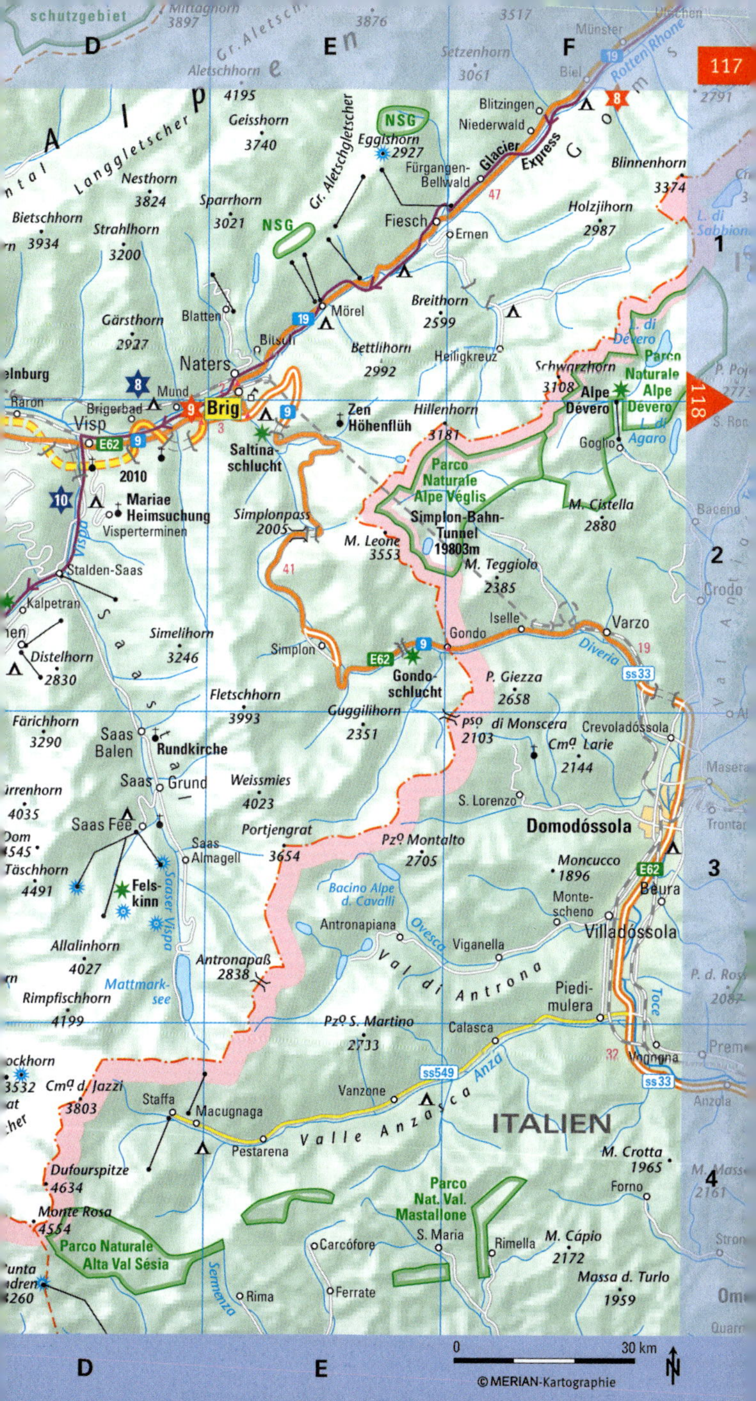
D
E
F
Brig
Naters
Visp
Fiesch
Mörel
Simplonpass
2005
Simplon-Bahn-Tunnel 19803m
Parco Naturale Alpe Véglis
Parco Naturale Alpe Dèvero
Gondo
Gondoschlucht
Saltinaschlucht
Domodóssola
Villadóssola
Saas Fee
Saas Grund
Saas Balen
Saas Almagell
Mattmarksee
Macugnaga
Valle Anzasca
Val di Antrona
ITALIEN
Parco Naturale Alta Val Sésia
Parco Nat. Val. Mastallone
Monte Rosa
4554
Dufourspitze
4634
Weissmies
4023
Fletschhorn
3993
Glacier Express
Blinnenhorn
3374
Eggishorn
2927
Varzo
Crevoladóssola
Piedimulera
Vogogna
Staffa
Pestarena
Vanzone
Calasca
S. Maria
Rimella
Carcófore
Rima
Ferrate
118
1
2
3
4
0
30 km
© MERIAN-Kartographie

A B C

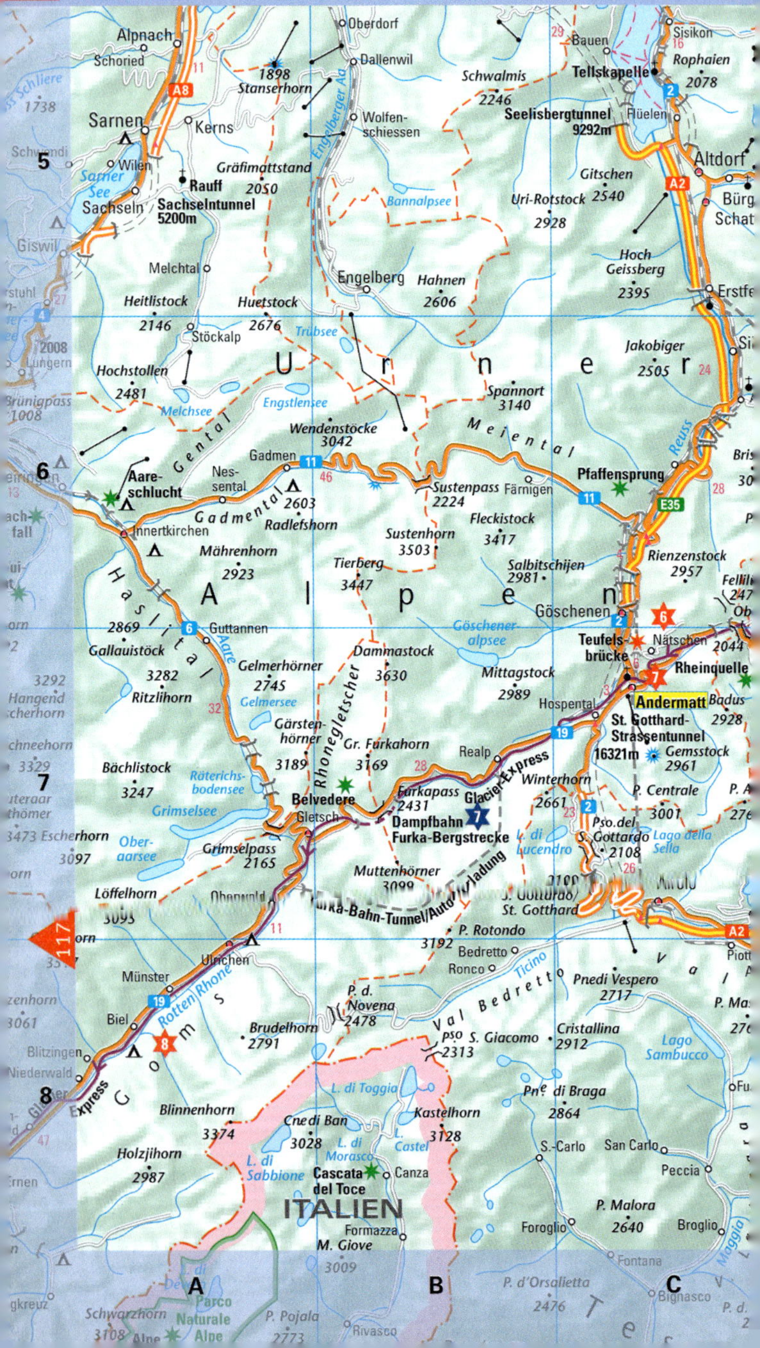

Alpnach
Schoried
Oberdorf
Dallenwil
1898
Stanserhorn
Schwalmis
2246
Bauen
Sisikon
Tellskapelle
Rophaien
2078
Sarnen
Kerns
Wolfen-
schiessen
Seelisbergtunnel
9292m
Flüelen
Altdorf
Wilen
Sarner See
Sachseln
Rauff
Sachselntunnel
5200m
Gräfimattstand
2050
Engelberger Aa
Bannalpsee
Gitschen
2540
Uri-Rotstock
2928
A8
A2
Giswil
Melchtal
Engelberg
Hahnen
2606
Hoch
Geissberg
2395
Erstfeld
Heitlistock
2146
Stöckalp
Huetstock
2676
Trübsee
Lungern
Hochstollen
2481
U r n e r
Jakobiger
2505
Brünigpass
1008
Melchsee
Engstlensee
Spannort
3140
Wendenstöcke
3042
Meiental
Gental
Gadmen
Nessental
Aareschlucht
Sustenpass
2224
Färnigen
Pfaffensprung
Reuss
E35
Innertkirchen
Gadmental
2603
Radlefshorn
Fleckistock
3417
Sustenhorn
3503
Mährenhorn
2923
Tierberg
3447
Salbitschijen
2981
Rienzenstock
2957
Haslital
A l p e n
Göschenen
Göschener-
alpsee
Teufels-
brücke
Nätschen
2044
Rheinquelle
2869
Gallauistöck
Guttannen
Aare
Dammastock
3630
3282
Ritzlihorn
Gelmerhörner
2745
Gelmersee
Rhonegletscher
Mittagstock
2989
Hospental
Andermatt
Badus
2928
St. Gotthard-
Strassentunnel
16321m
Gemsstock
2961
Gärsten-
hörner
3189
Gr. Furkahorn
3169
Realp
Glacier-Express
Winterhorn
2661
P. Centrale
3001
Bächlistock
3247
Räterichs-
bodensee
Belvedere
Gletsch
Furkapass
2431
Dampfbahn
Furka-Bergstrecke
L. di Lucendro
Pso. del
S. Gottardo
2108
Lago della
Sella
Grimselsee
Ober-
aarsee
Grimselpass
2165
Muttenhörner
3099
Löffelhorn
3093
Oberwald
Furka-Bahn-Tunnel/Autoverladung
St. Gotthard
P. Rotondo
3192
Bedretto
Ronco
Ticino
Ulrichen
Münster
Rotten/Rhone
Goms
Pnedi Vespero
2717
Biel
P. d.
Novena
2478
Val Bedretto
Brudelhorn
2791
Pso
2313
S. Giacomo
Cristallina
2912
Lago
Sambucco
Blitzingen
Niederwald
Express
L. di Toggia
Pne di Braga
2864
Blinnenhorn
3374
Cne di Ban
3028
Kastelhorn
3128
L. di
Morasco
L. Castel
S.-Carlo
San Carlo
Holzjihorn
2987
L. di
Sabbione
Cascata
del Toce
Canza
Peccia
ITALIEN
P. Malora
2640
Formazza
M. Giove
3009
Foroglio
Broglio
Maggia
Fontana
P. d'Orsalietta
2476
Bignasco
Schwarzhorn
3108
Parco
Naturale
Alpe
P. Pojala
2773
Rivasco
117

A B C

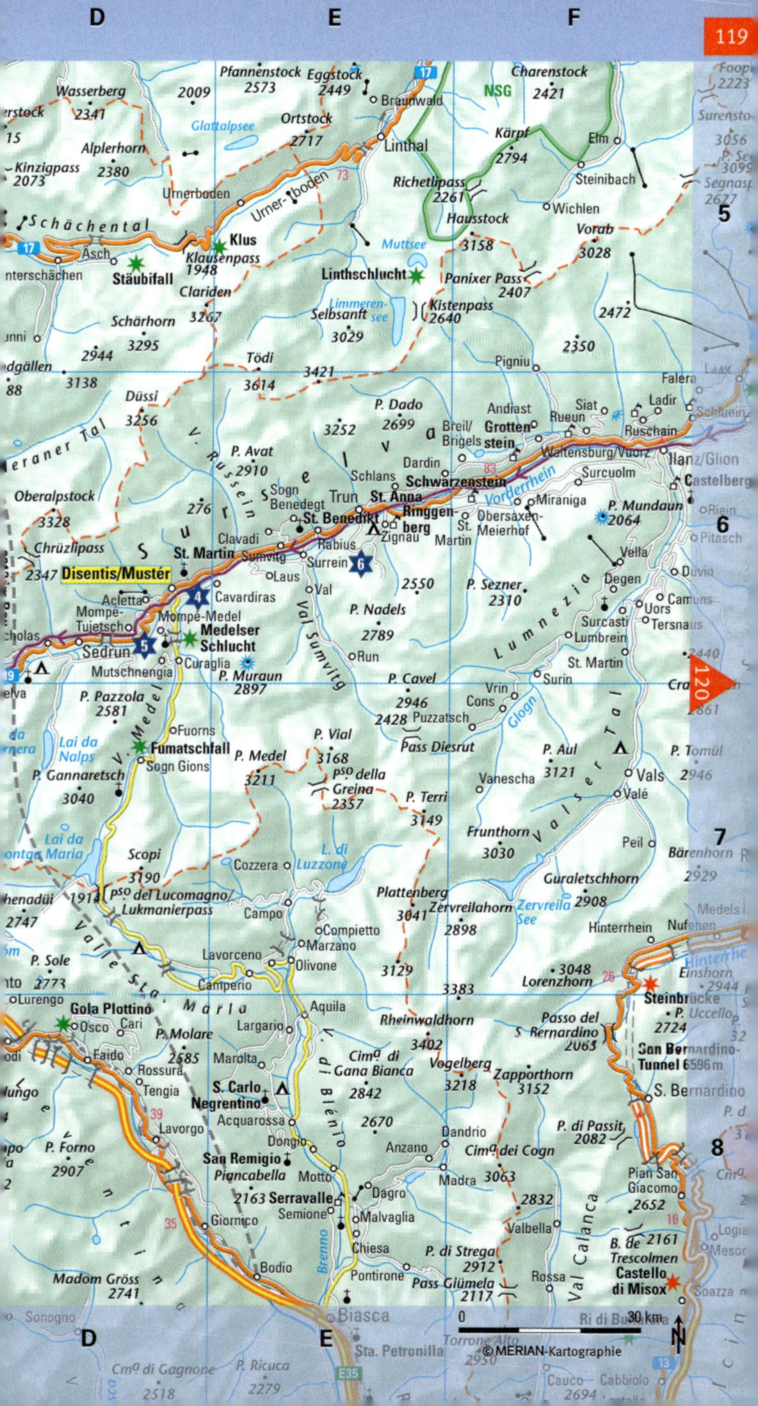
D
E
F
Pfannenstock 2573
Eggstock 2449
Braunwald
Charenstock 2421
NSG
Wasserberg 2341
2009
Glattalpsee
Ortstock 2717
Linthal
Kärpf 2794
Elm
Alplerhorn 2380
Kinzigpass 2073
Urnerboden
Richetlipass 2261
Steinibach
Segnaspass 2627
Wichlen
Schächental
Klus
Klausenpass 1948
Äsch
Stäubifall
Muttsee
Hausstock 3158
Vorab 3028
Linthschlucht
Panixer Pass 2407
Clariden
Limmerensee
Selbsanft 3029
Kistenpass 2640
Schärhorn 3267
3295
2944
2472
2350
Tödi 3614
3138
3421
Pigniu
Falera
Düssi 3256
P. Dado 2699
Andiast
Siat
Ladir
Rueun
Schluein
Breil/Brigels
Grottenstein
Ruschein
3252
P. Avat 2910
Dardin
Waltensburg/Vuorz
Ilanz/Glion
Schlans
Schwarzenstein
Surcuolm
Castelberg
Oberalpstock 3328
Sogn Benedegt
Trun
St. Anna
Vorderrhein
Miraniga
P. Mundaun 2064
Riein
St. Benedikt
Ringgenberg
Obersaxen-Meierhof
Zignau
Pitasch
Chrüzlipass 2347
Clavadi
Rabius
St. Martin
Disentis/Mustér
Sumvitg
Surrein
Vella
Duvin
Laus
2550
P. Sezner 2310
Degen
Acletta
Cavardiras
Val
Camuns
Uors
Mompé-Tujetsch
Mompé-Medel
Val Sumvitg
P. Nadels 2789
Surcasti
Tersnaus
Medelser Schlucht
Lumbrein
Lumnezia
Sedrun
Curaglia
Run
St. Martin
Mutschnengia
P. Muraun 2897
P. Cavel 2946
Surin
120
Vrin
Cons
P. Pazzola 2581
2428
Puzzatsch
Glogn
V. Medel
Fuorns
P. Vial 3168
Lai da Nalps
Fumatschfall
Pass Diesrut
P. Aul 3121
P. Tomül 2946
Sogn Gions
P. Medel 3211
Vals
P. Gannaretsch 3040
Pso della Greina 2357
Vanescha
Valé
P. Terri 3149
Valser Tal
Lai da Santa Maria
Frunthorn 3030
Peil
Bärenhorn 2929
Scopi 3190
Cozzera
L. di Luzzone
Guraletschhorn 2908
1914
Pso. del Lucomagno/Lukmanierpass
Plattenberg 3041
Zervreilahorn 2898
Zervreila See
Medels i. Rh.
Campo
Hinterrhein
Nufenen
2747
Compietto
Marzano
P. Sole 2773
Lavorceno
Olivone
3129
3048 Lorenzhorn
Hinterrhein
Einshorn 2944
Valle Sta. Maria
Camperio
3383
Lurengo
Aquila
Steinbrücke
Gola Plottino
Rheinwaldhorn 3402
Passo del Bernardino 2065
P. Uccello 2724
Osco
Cari
Largario
P. Molare 2585
Marolta
Cima di Gana Bianca 2842
Vogelberg 3218
Zapporthorn 3152
San Bernardino-Tunnel 6596 m
Faido
Rossura
Tengia
S. Carlo
Negrentino
V. di Blenio
S. Bernardino
Lavorgo
Acquarossa
2670
P. di Passit 2082
Dongio
Dandrio
Anzano
Cima dei Cogn 3063
P. Forno 2907
San Remigio
Piancabella
Motto
Madra
Pian San Giacomo 2652
Serravalle
Dagro
2832
Semione
Malvaglia
Valbella
Val Calanca
Giornico
Chiesa
B. de Trescolmen 2161
Bodio
Brenno
P. di Strega 2912
Pontirone
Rossa
Castello di Misox
Madom Gröss 2741
Pass Giümela 2117
Soazza
Sonogno
Biasca
0
30 km
D
E
Sta. Petronilla
Torrone Alto 2950
© MERIAN-Kartographie
Cma di Gagnone 2518
P. Ricuca 2279
E35
Cauco
Cabbiolo 2694
5
6
7
8

A B C

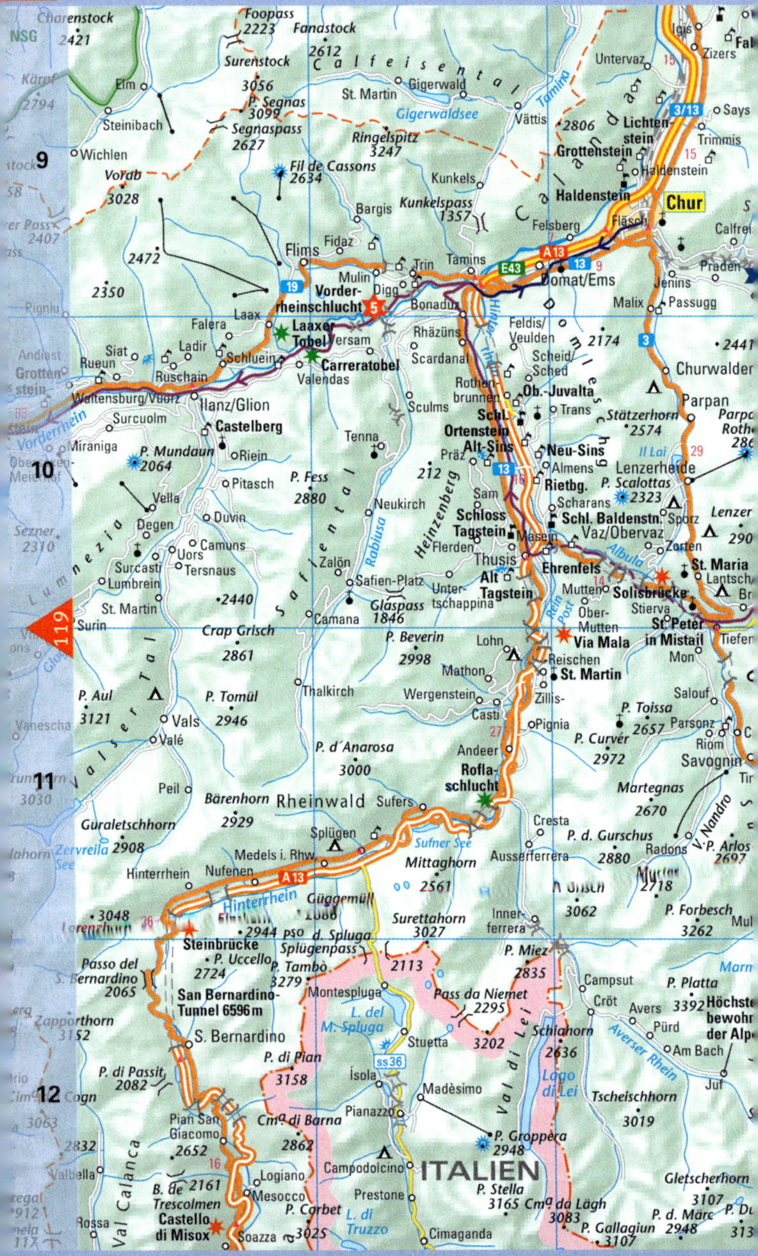
Charenstock
2421
NSG
Foopass
2223
Fanastock
2612
Surenstock
3056
Calfeisental
St. Martin
Gigerwald
Gigerwaldsee
Tamina
Untervaz
Igis
Zizers
Says
Elm
Kärpf
2794
Steinibach
P. Segnas
3099
Segnaspass
2627
Ringelspitz
3247
Vättis
2806
Lichtenstein
Trimmis
Grottenstein
Haldenstein
Wichlen
Vorab
3028
Fil de Cassons
2634
Kunkels
Kunkelspass
1357
Bargis
Calanda
Chur
Felsberg
Fläsch
Calfrei
Panixer Pass
2407
2472
Flims
Fidaz
Trin
Tamins
A 13
E43
Domat/Ems
Jenins
Praden
Malix
Passugg
2350
Mulin
Digg
Vorderrheinschlucht
19
5
Bonaduz
Hinterrhein
Feldis/Veulden
Pigniu
Laax
Falera
Laaxer Tobel
Versam
Rhäzüns
2174
Scheid/Sched
Churwalden
2441
Andiast
Grotten stein
Siat
Rueun
Ladir
Schluein
Carreratobel
Valendas
Scardanal
Rothenbrunnen
Domleschg
Ruschain
Waltensburg/Vuorz
Ilanz/Glion
Sculms
Ob.-Juvalta
Trans
Parpan
Vorderrhein
Surcuolm
Castelberg
Tenna
Schl. Ortenstein
Alt-Sins
Stätzerhorn
2574
Miraniga
P. Mundaun
2064
Riein
Präz
Neu-Sins
Almens
Il Lai
Lenzerheide
Obersaxen-Meierhof
Pitasch
P. Fess
2880
212
Rietbg.
P. Scalottas
2323
Vella
Sam
Scharans
Lenzer
Degen
Duvin
Neukirch
Heinzenberg
Schloss Tagstein
Schl. Baldenstn.
Sporz
Sezner
2310
Camuns
Uors
Surcasti
Lumbrein
Tersnaus
Safiental
Rabiusa
Flerden
Masein
Vaz/Obervaz
Zorten
290
Lumnezia
Zalön
Thusis
Albula
Ehrenfels
St. Maria
Lantsch
Safien-Platz
Alt Tagstein
Mutten
Solisbrücke
•2440
Unter-tschappina
Rein Post
Ober-Mutten
Stierva
St. Martin
Glaspass
1846
Camana
St. Peter in Mistail
Tiefen
119
Surin
Crap Grisch
2861
P. Beverin
2998
Lohn
Via Mala
Reischen
St. Martin
Mon
Mathon
Glogn
P. Aul
3121
P. Tomül
2946
Thalkirch
Wergenstein
Zillis
Salouf
Valser Tal
Vanescha
Vals
Valé
Casti
Pignia
P. Toissa
2657
Parsonz
Riom
P. Curvér
2972
P. d'Anarosa
3000
Andeer
Savognin
Rofla-schlucht
Peil
Bärenhorn
2929
Rheinwald
Sufers
Martegnas
2670
Cresta
Guraletschhorn
2908
Splügen
Sufner See
P. d. Gurschus
2880
Radons
V. Nandro
P. Arlos
2697
Zervreila See
Medels i. Rhw.
Mittaghorn
2561
Ausserferrera
2718
Hinterrhein
Nufenen
A 13
Güggemüll
3062
P. Forbesch
3262
Surettahorn
3027
Inner-ferrera
•3048
36
•2944
P.so d. Spluga
Splügenpass
2113
P. Miez
2835
Marm
Steinbrücke
P. Uccello
2724
P. Tambò
3279
Campsut
P. Platta
3392
Höchste bewohnte der Alpen
Passo del S. Bernardino
2065
San Bernardino-Tunnel 6596 m
Montespluga
L. del M. Spluga
Pass da Niemet
2295
Cröt
Avers
Zapporthorn
3152
S. Bernardino
Stuetta
3202
Schiahorn
2636
Pürd
Am Bach
Averser Rhein
P. di Pian
3158
ss 36
Isola
Lago di Lei
Juf
P. di Passit
2082
Cogn
Madèsimo
Val di Lei
Tscheischhorn
3019
Pian San Giacomo
2652
Cma di Barna
2862
Pianazzo
P. Groppera
2948
2832
Valbella
16
Logiano
Campodolcino
ITALIEN
Gletscherhorn
3107
B. de 2161
Trescolmen
Mesocco
Prestone
P. Stella
3165
Cma da Lägh
3083
P. d. Märc
2948
Val Calanca
Castello di Misox
P. Corbet
3025
L. di Truzzo
Rossa
Soazza
Cimaganda
P. Gallagiun
3107
9
10
11
12

A B C

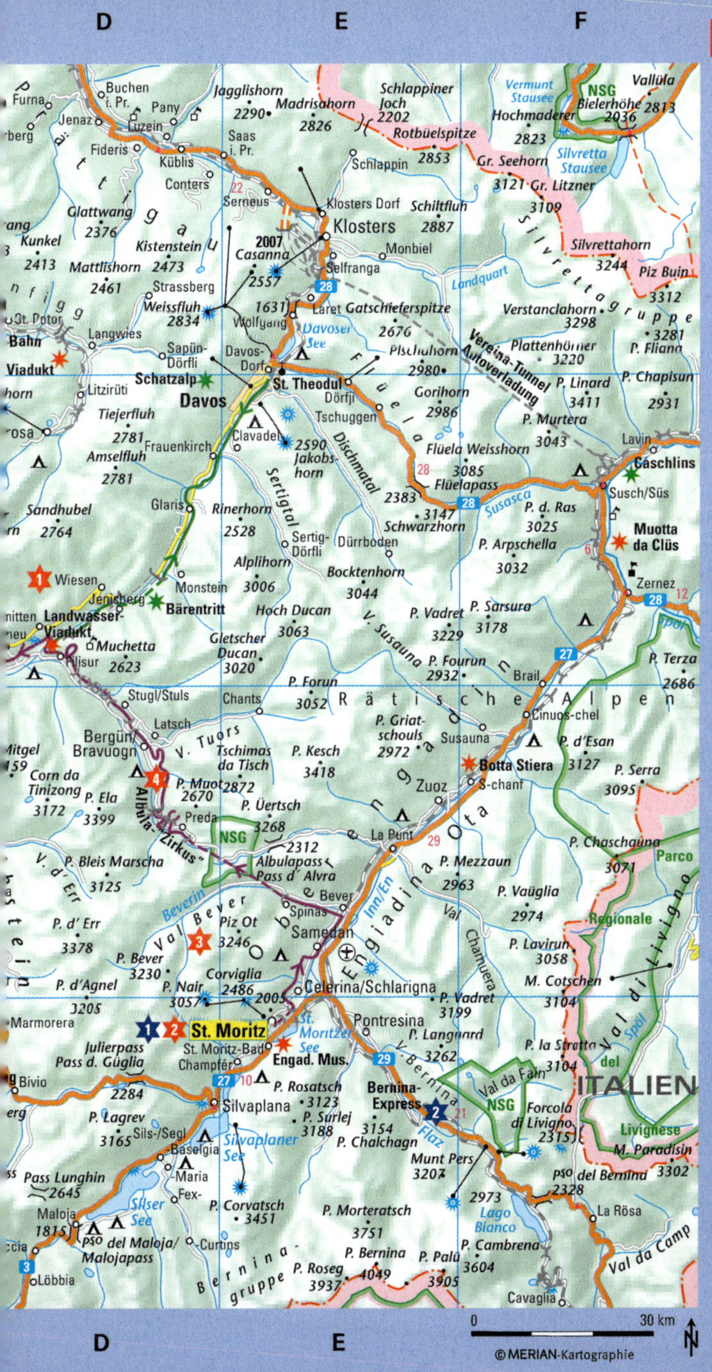
D
E
F
9
10
11
12
Buchen i. Pr.
Furna
Jenaz
Pany
Luzein
Fideris
Küblis
Conters
Jagglishorn
2290
Madrisahorn
2826
Saas i. Pr.
Schlappiner Joch
2202
Rotbüelspitze
2853
Schlappin
Vermunt Stausee
NSG
Bielerhöhe
2036
Vallüla
2813
Hochmaderer
2823
Silvretta Stausee
Gr. Seehorn
3121
Gr. Litzner
3109
Serneus
Klosters Dorf
Klosters
Schiltfluh
2887
Glattwang
2376
Kunkel
2413
Kistenstein
2473
Mattlishorn
2461
2007
Casanna
2557
Monbiel
Selfranga
Landquart
Silvrettahorn
3244
Piz Buin
3312
Silvrettagruppe
Strassberg
Weissfluh
2834
1631
Laret
Gatschieferspitze
2676
Verstanclahorn
3298
3281
P. Fliana
Wolfgang
Davoser See
Langwies
Bahn
Viadukt
Sapün-Dörfli
Davos-Dorf
Pischahorn
2980
Plattenhörner
3220
Vereina-Tunnel Autoverladung
Schatzalp
Davos
St. Theodul
Dörfji
Litzirüti
Tiejerfluh
2781
Gorihorn
2986
P. Linard
3411
P. Chapisun
2931
Tschuggen
P. Murtera
3043
Flüela
Clavadel
2590
Jakobshorn
Frauenkirch
Amselfluh
2781
Flüela Weisshorn
3085
Flüelapass
2383
Lavin
Caschlins
Susch/Süs
Dischmatal
Sertigtal
Glaris
Sandhubel
2764
Rinerhorn
2528
3147
Schwarzhorn
Susasca
P. d. Ras
3025
P. Arpschella
3032
Muotta da Clüs
Sertig-Dörfli
Dürrboden
Alplihorn
3006
Bocktenhorn
3044
Zernez
Wiesen
Monstein
Jenisberg
Bärentritt
Hoch Ducan
3063
P. Vadret
3229
P. Sarsura
3178
Landwasser-Viadukt
Muchetta
2623
Filisur
Gletscher Ducan
3020
V. Susauna
P. Fourun
2932
Brail
P. Terza
2686
Stugl/Stuls
Chants
P. Forun
3052
Rätische Alpen
Cinuos-chel
Latsch
Bergün/Bravuogn
V. Tuors
Tschimas da Tisch
P. Kesch
3418
P. Griatschouls
2972
Susauna
P. d'Esan
3127
P. Serra
3095
Corn da Tinizong
3172
P. Ela
3399
P. Muot
2670
2872
Botta Stiera
S-chanf
Zuoz
Albula-Zirkus
Preda
P. Üertsch
3268
NSG
2312
Albulapass
Pass d' Alvra
La Punt
P. Chaschauna
3071
Parco
P. Bleis Marscha
3125
V. d'Err
P. Mezzaun
2963
Beverin
Bever
Spinas
Val Bever
Piz Ot
3246
Inn/En
Engiadina Ota
Val Chamuera
P. Vaüglia
2974
Regionale
P. d' Err
3378
P. Bever
3230
Samedan
P. Lavirun
3058
M. Cotschen
3104
Val di Livigno
P. d'Agnel
3205
P. Nair
3057
Corviglia
2486
2005
Celerina/Schlarigna
P. Vadret
3199
Marmorera
St. Moritz
St. Moritz-Bad
St. Moritzer See
Pontresina
P. Languard
3262
P. la Stretta
3104
Julierpass
Pass d. Güglia
Champfèr
Engad. Mus.
V. Bernina
Val da Fain
Spöl
del
ITALIEN
Bivio
2284
P. Rosatsch
3123
Bernina-Express
NSG
Forcola di Livigno
2315
Livignese
Silvaplana
P. Surlej
3188
P. Lagrev
3165
Sils-/Segl
Silvaplaner See
3154
P. Chalchagn
Flaz
M. Paradisin
3302
Baselgia
Maria
Munt Pers
3207
P.so del Bernina
2328
Pass Lunghin
2645
Fex
2973
La Rösa
Maloja
1815
Silser See
P. Corvatsch
3451
P. Morteratsch
3751
Lago Bianco
P.so del Maloja/ Malojapass
Curtins
P. Bernina
4049
P. Palü
3905
P. Cambrena
3604
Val da Camp
Löbbia
Berninagruppe
P. Roseg
3937
Cavaglia
0
30 km
N
© MERIAN-Kartographie

Hier finden Sie alphabetisch aufgeführt alle in diesem Band beschriebenen Sehenswürdigkeiten und Museen, Hotels (H) und Restaurants (R). Außerdem enthält das Register wichtige Stichworte sowie alle MERIAN-Tipps und MERIAN TopTens dieses Reiseführers. Wird ein Begriff mehrfach aufgeführt, verweist die **fett** gedruckte Zahl auf die Hauptnennung im Band.

Liebe Leserinnen und Leser,
wir freuen uns, Ihre Meinung zu diesem Reiseführer zu erfahren. Bitte schreiben Sie uns, wenn Sie Berichtigungen und Ergänzungsvorschläge haben oder wenn Ihnen etwas besonders gut gefällt:

TRAVEL HOUSE MEDIA GmbH, Postfach 86 03 66, 81630 München
E-Mail: merian-live@travel-house-media.de Internet: www.merian.de

DIE AUTOREN

Klaus Eckert, Jahrgang 1961, hat sich schon von Kindesbeinen an für die große und kleine Eisenbahn interessiert. Später wurde die Leidenschaft zum Beruf. Seit 1993 leitet der Autor als geschäftsführender Gesellschafter einen Verlag für Eisenbahnliteratur. Das besondere Interesse gilt hierbei den Alpenbahnen.

Ilona Eckert, Jahrgang 1961, war nach ihrem sprachwissenschaftlichen Studium in München als Journalistin und Übersetzerin tätig. Sie verfasst regelmäßig Texte zum Thema Reisen mit der Bahn und ist als Redakteurin für die Zeitschrift ZÜGE tätig.

Bei Interesse an Karten aus MERIAN-Reiseführern schreiben Sie bitte an:
iPUBLISH GmbH, geomatics
Berg-am-Laim-Straße 47
81673 München
E-Mail: geomatics@ipublish.de

FOTOS

Titelbild: Glacier Express zwischen Oberalppass und Andermatt (K.Eckert)
Fotos: G. Aellig 83; Archiv Dampfbahn Furka-Bergstrecke 7; Bildagentur Huber/Picture Finders 20/21; Bildagentur Huber/R. Schmid 24; Chur Tourismus 19, 52, 55; I. Eckert 18; K. Eckert 4/5, 6, 11, 12, 40, 44, 58, 68, 82, 86, 87, 96; Freizeit Graubünden 30, 32, 56, 62; Kirchner/laif 90; Kur- und Verkehrsverein St. Moritz 26, 28, 36, 42; Matterhorn Gotthard Bahn 15, 34/35, 76, 98, 101; Photoglob 64, 70, 72, 74, 80, 84, 94, 95; Rhätische Bahn 8, 9, 13, 17, 47, 48, 50, 60, 78, 102/103; Seilerhotels 22; ST/DIE POST/swiss image.ch 19; ST/Max Schmid/swiss image.ch 60/61

Alle Angaben in diesem Reiseführer sind gewissenhaft geprüft. Preise, Öffnungszeiten usw. können sich aber schnell ändern. Für eventuelle Fehler übernimmt der Verlag keine Haftung.

PROGRAMMLEITUNG
Dr. Stefan Rieß
REDAKTION
Simone Schmidt
LEKTORAT
Beate Martin
GESTALTUNG
wieschendorf.design, Berlin
KARTEN
MERIAN-Kartographie
SATZ
Sabine Dohme, München
DRUCK
Appl, Wemding
BINDUNG
Auer, Donauwörth
GEDRUCKT AUF
Eurobulk Papier von der Papier Union

1. Auflage

TRAVEL HOUSE MEDIA

Ein Unternehmen der
GANSKE VERLAGSGRUPPE

Glacier Express

MERIAN-Tipps

Tipps und Empfehlungen für Kenner und Individualisten

1. **Veltliner Keller in St. Moritz**
Beliebter Treffpunkt der Einheimischen, die sich die »Pizzocheri« schmecken lassen (→ S. 39).

2. **Berninabahn – Abstecher nach Tirano**
Der Bernina Express befährt eine der schönsten Bahnstrecken der Welt (→ S. 41).

3. **Arosa-Bahn**
Ein Ausflug nach Arosa, dem bekannten Wander- und Skizentrum, führt durch das malerische Schanfigg-Tal (→ S. 57).

4. **Bahnhof Disentis**
Ein Blick hinter die Kulissen – die Besichtigung des Bahnhofs von Disentis fasziniert nicht nur Eisenbahnfans (→ S. 65).

5. **Gotthard-Tunnel**
Tunnelbau hautnah: Das Informationszentrum der Firma AlpTransit Gotthard zeigt Videofilme über die Arbeiten am Gotthard-Basistunnel (→ S. 66).

6. **Lamatrekking**
Da wandert es sich doch viel leichter, wenn das Lama den Rucksack schleppt (→ S. 67).

7. **Dampfbahn Furka-Bergstrecke**
Mit dem Dampfzug vorbei am berühmten Rhônegletscher (→ S. 73).

8. **Thermal-Felsenbad in Brigerbad**
Das Bad wartet mit einer Felsengrotte und einer 182 m langen, in die Felswand gebauten Außenrutsche auf (→ S. 87).

9. **Gornergratbahn**
Im Angesicht der Viertausender: Die Bergstation der Gornergratbahn bietet atemberaubende Blicke auf die umgebende Bergwelt (→ S. 93).

10. **Dampfzug-Fahrten**
Unter Zischen und Schnauben fährt die Dampflok »Breithorn« von Brig nach Zermatt – ein hübsches Erlebnis für die ganze Familie (→ S. 95).

← MERIAN-TopTen
finden Sie auf Seite 1